Bildung – musikalisch – im Kindergarten „Krähennest" Köln

Marianne Quast

überarbeitet von Gabriela Wolf

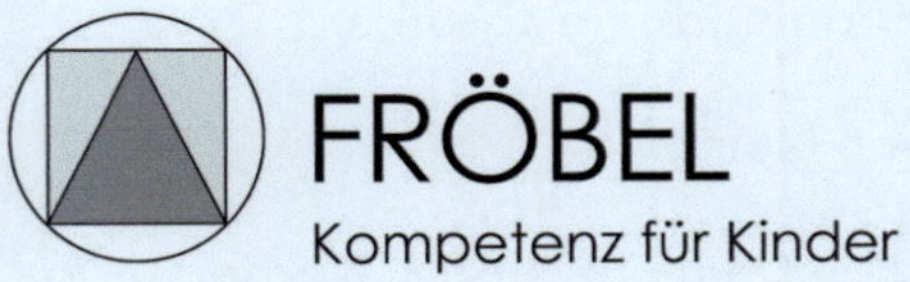

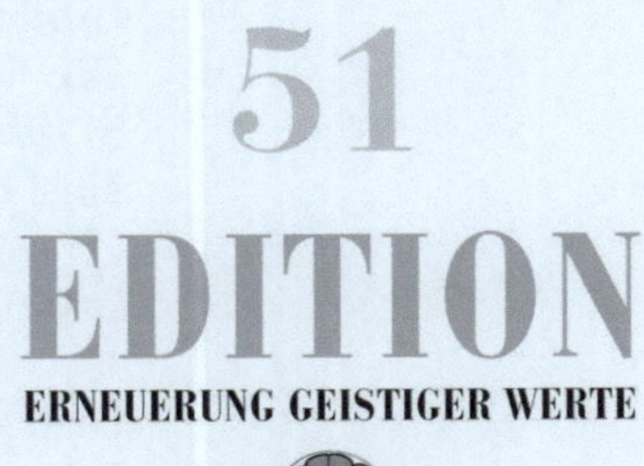

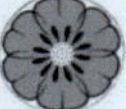

Dr.-Ing.-Hans-Joachim-Lenz-Stiftung

ISBN-13 978-3-938088-54-8
1. Auflage März 2021

Bibliographische Information der Deutschen Bibliothek:
Die Deutsche Bibliothek verzeichnet die Publikation in der Deutschen Nationalbibliothek; detaillierte Daten sind im Internet über http://dnb.ddb.de abrufbar.

Layout und Satz: H. J. Wiehr, Mainz

Druck und Vertrieb: Books on Demand GmbH, Norderstedt
Printed in Germany

Inhalt

Vorwort der Stiftung

Stimme wird zur Sprache.
Sprache wird zum Gesang.
Gesang wird zur Musik.

Stimme haben viele Geschöpfe
vom Schnattern zum Zwitschern
vom Grunzen zum Brüllen
vom Mienzen zum Bellen.

Sprache hat allein der Mensch
auf Kontinenten und Ländern
auf Griechisch und Latein
in Mundart und Dialekten.

Gesang ist allen Frohnaturen
dem Zecher und dem Wanderer
den ganz Jungen und ganz Alten
dem Sucher und dem Finder.

Musik aber ist den Göttern.
Musik hebt uns in himmlische Sphären.
Musik den Kleinen für einen himmlischen
Weg durch die Welt.

Hans-Joachim Lenz

Stifter und Vorstand

DR.-ING.-HANS-JOACHIM-LENZ-STIFTUNG
STIFTUNG ZUR ERNEUERUNG GEISTIGER WERTE

Drei Jahre musikalische Frühförderung im „Krähennest" – der vorliegende Editionsband dokumentiert die Arbeit der Musikpädagogin Marianne Quast im Fröbel-Kindergarten in Köln. Seit Februar 2018 erhalten alle 50 Kinder der Einrichtung regelmäßig musikalische Stunden. In altersgerechten Kleingruppen tauchen die Kinder einmal wöchentlich in die Welt der Klänge ein. Ein fester Wochentag sichert den regelmäßigen Ablauf. Bei den Kleinsten (6 Monate bis 3 Jahre) dauern die musikalischen Einheiten etwa 30 Minuten, bei den Über-3-Jährigen ca. 45 Minuten; dabei werden die Kinder an das Singen, an Instrumente und auch an die verschiedenen Formen von Musik herangeführt.

Die bildende und heilende Wirkung von Musik ist in Fachkreisen hinlänglich bekannt. Trotz ihrer fundamentalen Bedeutung für die Entwicklung des Kindes hat die gezielte musikalische Förderung noch längst nicht in allen Bildungseinrichtungen des Elementarbereichs Einzug gehalten. Die finanzielle und personelle Ausstattung der Kindergärten und Kindertagesstätten kommt hier erheblich zu kurz. Noch schwieriger ist ihre Etablierung im nationalen Bildungssystem mit Ausbruch der Corona-Pandemie geworden. Der Einsatz von Musikpädagogen ist seit Anfang des Jahres 2020 nur noch eingeschränkt, zeitweilig gar nicht mehr möglich. Schulen, Kitas und Kindergärten sind über längere Zeiträume geschlossen, unterhalten nur noch einen „Not-Betrieb".

Von dieser Problematik war auch Marianne Quast betroffen. Ab März 2020 wurde pandemie-bedingt ihre Präsenzarbeit im Kindergarten jäh unterbrochen. Die Musikpädagogin durfte aufgrund der behördlichen Vorgaben und Hygiene-Sicherheitsmaßnahmen längere Zeit den Kindergarten nicht mehr betreten. Die erfolgreiche Fortführung ihrer Arbeit war gefährdet. Marianne Quast sah die Not der Kinder. Dabei ging es längst nicht nur um das Fehlen der Musik. Es ging um den Verlust der zwischenmenschlichen Beziehungen, um die Erfüllung grundlegender Bedürfnisse, die für die gesunde Entwicklung der Kinder lebensnotwendig ist. Gemeinsames Singen, Tanzen und Musizieren, sich an den Händen fassen, sich umarmen, miteinander spielen und lachen, die Nähe zu anerkannten und geliebten Bezugspersonen spüren – all das war nun nicht mehr möglich, vieles war verboten. Längst warnen Hirnforscher, Kinderärzte, Psychologen und Pädagogen vor irreparablen Schäden, diagnostizieren eine signifikante Zunahme von psychosomatischen Beschwerden und Entwicklungsstörungen.

Marianne Quast gab nicht auf, suchte nach Lösungen. In Absprache mit dem Einrichtungsleiter, Jan Mehrländer, und den Erzieherinnen und Erziehern vor Ort gelang es ihr in kürzester Zeit, ein „Not-Programm" aufzubauen, mit dem sie die Kinder durch die „Corona-Zeit" hindurch seither regelmäßig musikalisch begleitet. Hierfür gebührt ihr unser Dank. Mit großer Einsatzbereitschaft und viel Flexibilität erfüllt sie den

Bildungsauftrag, den ihr die Fröbel-Bildungseinrichtung „Krähennest" erteilt hat, finanziell und ideell gefördert durch die Lenz-Stiftung.

Anerkennung gebührt auch Jan Mehrländer und seinem pädagogischen Team. Dank zahlreicher Hilfs- und Unterstützungsleistungen kann Marianne Quast ihre musikalische Bildungsarbeit unter erschwerten Bedingungen fortsetzen.

In der vorliegenden Dokumentation mit vielen Beispielen aus der Praxis verdeutlicht Marianne Quast insbesondere eines: ihre Liebe zum Kind. Ihre Wahrnehmungsfähigkeit, mit der sie die kindlichen Entwicklungsschritte begleitet, ist in besonderem Maße ausgeprägt. Ihre Hingabe und ihre Achtung vor den vielen kleinen, ihr anvertrauten Persönlichkeiten sind vorbildlich. Die Liebe zum Kind ist es, die uns alle in unserer Arbeit verbindet. Der Kindergarten – der kindliche Hort – gibt dem Kind den notwendigen Raum, um sich selbst zu bilden und sein Wachstum aus sich heraus voranzubringen, unterstützt durch die wohltuende bildende Wirkung der Musik. Die Stiftung ist bereit, noch weitere Projekte dieser Art zu fördern – im Dienste der Kinder.

Mainz, im März 2021
Dr. phil. Gabriela Wolf
Vorstand der Dr.-Ing.-Hans-Joachim-Lenz-Stiftung

Danksagung des Kindergartens

Unser Fröbel Kindergarten „Krähennest" bietet insgesamt 56 Kindern im Alter von sechs Monaten bis sechs Jahren in einer offenen Struktur liebevolle, partizipatorische und familienunterstützende Betreuung und Erziehung an und ist derzeit mit allen Plätzen voll ausgelastet.

Unser Hausschwerpunkt ist die spanische Bilingualität. Mit der Methode der Immersion[1] können die Kinder von Beginn an in ein Sprachenbad eintauchen. Sie werden so für fremde Sprachen, Kulturen und Sprache im Allgemeinen affin gemacht. Dieser Schwerpunkt wird von der Musikpädagogin Marianne Quast durch die Früherziehung ebenfalls in ihre Arbeit integriert, da regelmäßiges Singen und rhythmische Spiele das Sprechen und die konzentrierte Aufmerksamkeit der Kinder insgesamt sehr unterstützen. Musikalische Früherziehung spielt im elementarpädagogischen Bereich für uns im „Krähennest" eine gewichtige Rolle. Wir können jeden Tag beobachten, wie Musik auch das Harmonie- und Taktgefühl und die Sprachrhythmik unserer Kinder fördert.

Seit fast 10 Jahren hören wir bei uns im Kindergarten jeden Mittwoch: *„MARIANNE IST DA!"* Bei den Allerkleinsten bis hin zu den alten Hasen, die mit Marianne groß geworden sind, schallt jedes Mal die Vorfreude durch unsere Räumlichkeiten, wenn es wieder darum geht, den Tag musikalisch zu bestreiten. Ob Fingerspiellieder, kleine Instrumentenkunde, kreatives Anleiten zum Singen und gemeinsamen

Musizieren, bis hin zum Malen zu und nach klassischer Musik, Marianne geht zielsicher auf die Bedürfnisse aller Kinder und Altersklassen ein. Eigentlich ist sie schon lange ein Mitglied unserer großen „Krähennestfamilie".

Oftmals können junge Praktikanten aus der Schule und angehende Erzieher, die während ihrer Ausbildung bei uns arbeiten, einen Blick in die musikalische Frühförderung werfen und bei den Gruppen hospitieren. Dies erweitert deren Horizont hinsichtlich der Vielfalt pädagogischer Möglichkeiten. Auch bereichert der Liederschatz von Marianne unseren Alltag und bringt positive Anregungen für Feste oder inhaltliche Themen ins „Krähennest".

Das Jahr 2020 hat uns vor besondere Herausforderungen gestellt. Wir mussten durch die Situation der Vorgaben bezüglich des Covid-19-Virus organisatorisch viel leisten und umstrukturieren. Wir konnten zusammen mit Marianne Alternativen umsetzen, dass die Kinder sogar im „Lockdown" musische Impulse über Videos bekamen und den Anschluss nicht verloren. Später verlagerten wir den Musikunterricht ins Außengelände, so dass wir im Freien allen Corona-Schutzverordnungen entsprechen konnten. Kreative Lösungen mit dem Ziel, den Kindern einen annährend „normalen Wochenablauf" inklusive der Frühförderung zu ermöglichen, sind an die jeweiligen Gegebenheiten angepasst worden. Ein Aufwand, der für die Kinder wichtig und aufmunternd war und ein wenig gewohnte Struktur in den Kindergartenalltag brachte.

All das wäre nicht für alle unsere Familien möglich bzw. nicht finanzierbar, wenn nicht viele Familien bei unserem Kindergarten Fröbel-Fördermitglied wären. Durch die Fluktuation im Kindergarten ist dies jedoch nicht immer realisierbar. Deshalb ist und war es in den vergangenen 3 Jahren ein Segen, dass durch die finanzielle Unterstützung der Stiftung das musikalische Angebot mit Marianne wöchentlich weiter erhalten und ermöglicht wurde.

Im Namen aller Kinder und Eltern sowie dem pädagogischen Team des Kindergartens sage ich hiermit schlicht und einfach einmal: *„DANKE, DANKE, DANKE!"* Auf viele weitere schöne Musikstunden freut sich

Jan Mehrländer
Einrichtungsleitung Fröbel Kindergarten „Krähennest"

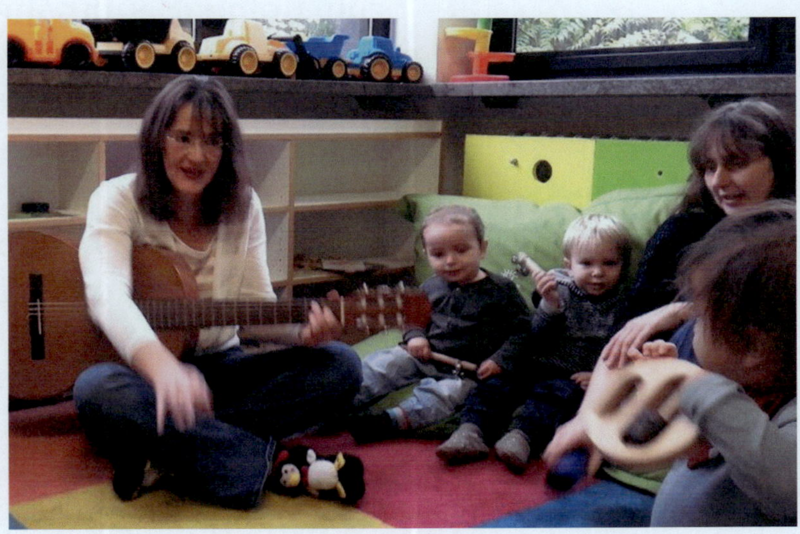

Worte der Projektleiterin

Seit fast 10 Jahren begleite ich einmal in der Woche alle Kinder im FRÖBEL Kindergarten „Krähennest" mit der musikalischen Früherziehung. In dieser langen Zeit ist mir die Einrichtung samt allen Pädagogen und natürlich den Kindern sehr ans Herz gewachsen.

Der Kindergarten liegt im Kölner Stadtteil Neustadt-Nord in der Nähe des Hansaringes und ist damit fast in der Stadtmitte. Die Kinder der Einrichtung sind bunt gemischt. Vom Leiter, Jan Mehrländer, und seinem 11-köpfigen Erzieherteam wird eine sehr offene Grundhaltung gepflegt. Sie ist auch bei den Eltern spürbar. So lassen sich viele Ideen leicht umsetzen. Die Zusammenarbeit ist vertrauensvoll und geprägt von vielen schönen Erfahrungen und Erinnerungen aus den letzten Jahren, was die positive Wirkung von Musik auf die Kinder angeht. Die Räumlichkeiten gehören zum Gebäudekomplex der Kulturkirche Sankt Gertrud, die direkt an den Eisenbahndamm der Zufahrt zum Kölner Hauptbahnhof grenzt. Trotz der etwas ungemütlich wirkenden asymmetrischen Formen des puren Betonbaus von 1965 geht es im Inneren umso herzlicher zu.

Im Laufe des ersten Projektjahres fand im „Krähennest" eine intensive Renovierungs- und Umbauphase statt. Die Decken wurden mit speziellem Schallschutz versehen und mussten neu gestrichen werden. In einigen Räumen wurden andere, längst nötige Ausbesserungen vorgenommen, bis schließlich am Ende des

Jahres auch alle Türen ersetzt wurden. So wanderte der Kindergarten je nach Fortschritt der Renovierung mit den insgesamt 56 Kindern monatlich von Raum zu Raum. Auch die Turnhalle konnte für die musikalischen Einheiten nur punktuell als Ausweichmöglichkeit genutzt werden, weil sie einen Gruppenraum in der Zeit beheimatete. Die Zimmer für die Kleinsten waren ebenfalls lange nicht zugänglich. Doch konnten fast alle Musikstunden im ersten Stock im Zimmer der „Trauminsel" abgehalten werden; die musikalischen Inhalte wurden kurzfristig entsprechend der jeweils aktuellen Bedingungen angepasst. Trotz dieser langwierigen Zusatzbelastung waren alle Pädagogen positiv gestimmt und auch die Eltern guter Dinge. Für die Kinder erschien dies alles eher wie ein großes Abenteuer. Sie konnten während der Musikstunden das turbulente Außen ganz vergessen und in die Welt der Klänge und Instrumente, der Lieder und Tanzspiele eintauchen.

Im folgenden Jahr konnten alle die Ergebnisse der Umbaumaßnahmen genießen. Vieles wurde praktikabler und schöne neue Spielinseln konnten in den Gruppen eingeweiht werden. Im Musikraum ist ein kleines Podest eingebaut worden, auf dem die Kinder seither während der Musikeinheiten Platz nehmen können. Vorher mussten sie immer auf dem Boden sitzen. Und die musikalische Arbeit konnte wieder im altbewährten Modus durchgeführt werden.

Ganz anders verlief wiederum das dritte Projektjahr. Der Ausbruch der Pandemie brachte tiefe Einschnitte in die gewohnte Arbeit des Kindergartens und machte über weite Strecken die herkömmliche Form der musikalischen Frühförderung unmöglich. Dieser Ausnahme-Situation habe ich deshalb ein eigenes Kapitel gewidmet. –

Mit Beginn des musikalischen Jahres zum 1. September startet, wie in allen Einrichtungen üblich, die Eingewöhnungsphase der neu hinzugekommen Kinder. Die meisten sind noch kein Jahr alt und benötigen in den ersten Monaten besondere Zuwendung, was sich auch in der musikalischen Frühförderung widerspiegelt. Hier ist die Zusammenarbeit mit den Erziehern besonders eng und unterstützend. Im Sommer, zum Ende des Projektjahres, werden schließlich die Vorschulkinder verabschiedet, die teilweise volle 5 Jahre am Stück immer mittwochs von mir musikalisch begleitet werden. Da fließen schon einmal Tränen nach einer so langen intensiven Zeit mit vielen schönen Erinnerungen.

In der Durchführung folgt das Projekt dem klassischen Kindergartenjahr, welches auch die Jahreszeitenfeste samt den dazu passenden Liedern beinhaltet. Mit viel Freude und sehr guter Kooperation mit dem ganzen „Krähennest“-Team gestaltete sich der Projektzyklus, von dem ich berichte, kreativ und abwechslungsreich – nicht nur für die Kinder. Herzlich danke ich allen PädagogInnen und auch dem Kindergartenleiter, Jan Mehrländer, für die freundliche Aufnahme im Haus und die gute Zusammenarbeit.

Diese bewährte sich nicht zuletzt bei dem Umgang mit der Corona-Pandemie, die wir immer mit dem Blick auf „was ist das Beste für die Kinder" gemeistert haben. Die Verantwortlichkeit von Jan Mehrländer und seinem Team war vorbildlich und ermöglichte mir, die Kinder musikalisch durch den „Lockdown" zu begleiten. Zeitnahe Absprachen halfen, das Beste aus der Situation zu machen, wenn z.B. die Vorschriften verändert wurden und Flexibilität in der Zusammensetzung der Kindergruppen und der Nutzung von großen Räumen, die gut zu lüften sind, gefragt war. Die Freude der Kinder, wenn die Musikstunden – etwas verändert zwar, aber dennoch stattfinden konnten – und die positiven Rückmeldungen der Eltern, waren unser Antrieb. Der Einsatz hat sich gelohnt.

Mein besonderer Dank gilt Herrn Dr.-Ing. Hans-Joachim Lenz, Frau Dr. Gabriela Wolf und allen Mitarbeitern der Dr.-Ing.-Hans-Joachim-Lenz-Stiftung in Mainz, die das Projekt nun schon im 4. Jahr ermöglichen.

Mit musikalischen Grüßen

Marianne Quast
Musikpädagogin

Köln, im Februar 2021

1 Musikalische Früherziehung – ein Beitrag zur Bildung des Menschen

In der Fachsprache der Pädagogik wird der gesamte musische Bereich für Kinder im Vorschulalter „musikalischer Elementarbereich", „musikalische Früherziehung" oder „Frühförderung" genannt.[2] Die Begrifflichkeit „Musik" wurde gerade bei der Begegnung mit den Jüngsten auf Geräusche und Klänge erweitert. Bei Säuglingen versteht man daher sowohl die ersten lautlichen Töne und Nachahmungen als auch bereits Reaktionen auf Reize der Umwelt (z.B. von Mutter, Vater, Geschwistern, Natur, etc.) als schöpferische musische Äußerung. Auch wird der musikalische Elementarunterricht stark von der musikalischen Grundausbildung im Musikunterricht der ersten Schuljahrgänge abgegrenzt. Der Leistungsgedanke spielt hier noch keine Rolle, stattdessen stehen das kreative Spiel und die Freude im Mittelpunkt.

Bei der Arbeit in Kleingruppen kann am besten auf den jeweils individuellen Entwicklungsstand der Kinder eingegangen werden. Es beginnt mit dem Hören und Nachahmen, mit dem Entdecken und Erfinden von Klängen, um schließlich mit den elementaren Rhythmusinstrumenten selbst Töne zu erzeugen und bald auch das Musizieren mit anderen Kindern zu erleben.

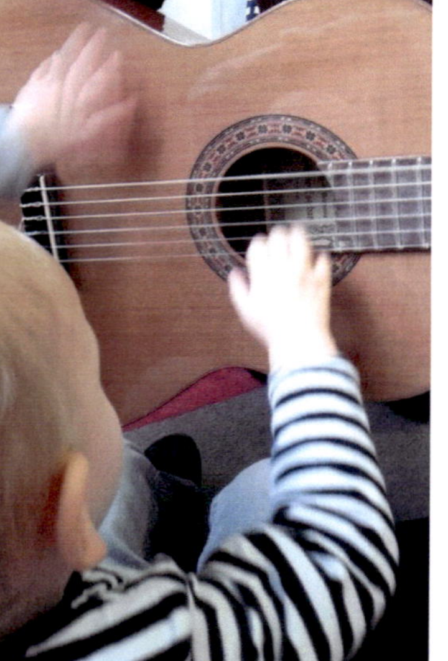

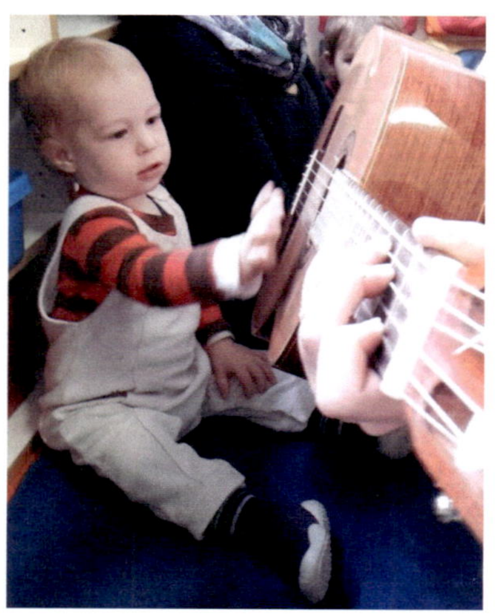

Folgende zwei Fragen begleiten die Arbeit des Musikpädagogen im Elementarbereich besonders:

- Wie lassen sich in der frühen Kindheit am besten die Begabungen von Mädchen und Jungen entdecken und fördern?
- Wie kann die Kreativität (und somit die emotionale und mentale Intelligenz) durch musikalische Betätigung entwickelt und daneben das soziale Verhalten in der Gruppe unterstützt werden?

Längst ist es keine Hypothese mehr, dass Musik in der frühen Kindheit einen bedeutenden Beitrag zur allgemeinen Bildung und emotionalen Balance eines Menschen darstellt. Wer Musik beizeiten erlernt, hat eine wichtige Grundlage erworben, dem Leben zu begegnen. „Erziehung *durch* Musik" ist in den ersten 6 Lebensjahren somit vorrangig und vom schulischen Unterricht mit seinen musikalischen Zielen, der „Erziehung *zur* Musik", unbedingt zu unterscheiden.

Die regelmäßige Beschäftigung mit Musik, und ganz besonders der frühe Beginn, wirkt sich hervorragend auf die Bildung einer stabilen, ausgeglichenen Persönlichkeit des Kindes aus.[3] Stetige Wiederholungen und das Sich-gemeinsam-verzaubern-Lassen durch Töne und Gesang sowie das Sich-Erfreuen an der Vielzahl von unterschiedlichen Klängen wirken harmonisierend auf die Psyche und öffnen die Kleinen für ihre inneren Kapazitäten. Man kann in den Musikgruppen täglich die wunderbare Beobachtung machen, dass sich Intelligenz und soziales, sensibles Verhalten schon bei den Kleinsten positiv entwickeln:

- etwa die Ausdauer beim Klatschen oder bei rhythmischen Abläufen,
- oder die emotionale Belastbarkeit, wenn man gerade auf die Lieblingsrassel warten muss, weil ein anderes Kind sie gerade spielt, oder wenn nicht gleich alles auf Anhieb klappt, sondern geübt werden muss,
- Mitgefühl, wenn es jüngeren Kindern zu laut ist, ein Kind in der Gruppe etwas noch nicht kann oder auch noch mittanzen möchte,
- die Fähigkeit zu mehr Kommunikation und besserem Hinhören, wie z.B. beim Zusammenspiel der Instrumente in der Liedbegleitung oder dem Aufeinander-Warten im Kinderkreis,

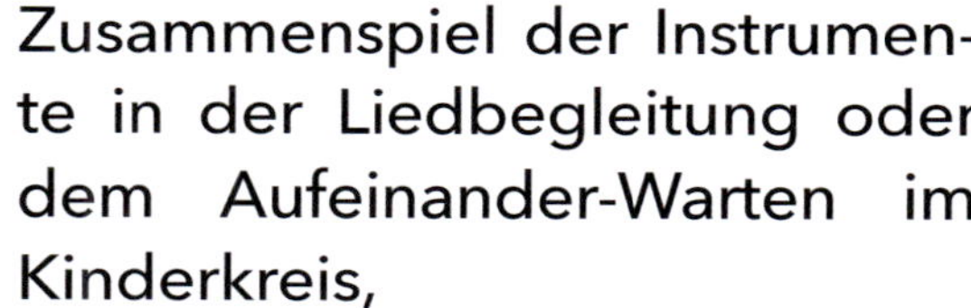

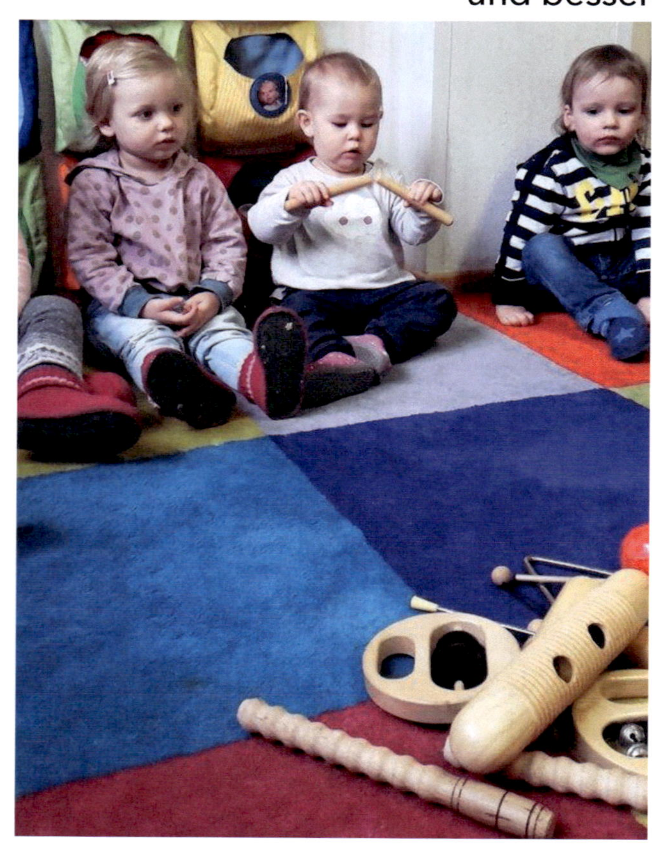

- Verantwortungsbewusstsein beim sorgsamen Umgang mit den Instrumenten,
- Erhöhung der Konzentrationsfähigkeit beim Lernen eines neuen Liedes, beim Tanzen zur Musik, beim Spielen eines Rhythmusinstruments.

„Die Bedeutung für die frühkindliche Erziehung liegt auf der Hand. Wenn ein Löffelchen Mozart ein Kind vielleicht auch nicht zu einem besseren Ma-

thematiker macht, so gibt es doch kaum Zweifel, dass ein regelmäßiger Kontakt mit Musik, insbesondere die aktive Teilhabe an Musik, die Entwicklung diverser Gehirnareale stimulieren kann - Areale, deren Zusammenwirken beim Hören oder Spielen von Musik unerlässlich ist. Für die weit überwiegende Zahl der Schüler kann Musik pädagogisch ebenso wichtig sein wie Lesen und Schreiben."[4]

Zahlreiche Studien auf den Gebieten der Zoologie, der Gehirnforschung, der Verhaltensforschung oder der Entwicklungspsychologie haben immer wieder das frühe Aktivieren der verschiedensten Gehirnregionen und das damit verbundene Ausbilden von Neuronen und Synapsen als stark fördernd für die Gesamtentwicklung des Kindes bestätigt.[5] Dies geschieht prinzipiell durch intensive (möglichst emotionale) Zuwendung, aber auch durch vielfältige anders geartete Anregungen und Beschäftigungen in allen möglichen Lebensbereichen. Die musikalischen Tätigkeiten nehmen hier einen herausragenden Platz ein, weil neben der damit verbundenen Freude über Sprache, Melodie und Rhythmus gleich mehrere Bereiche des noch prägbaren Gehirns sich viel intensiver miteinander verknüpfen können. Dies belegt z.B. die Studie des deutschen Musikwissenschaftlers und Musikpädagogen Hans Günther Bastian in eindrucksvoller Weise.[6]

2 Die Ziele

Das Konzept der musikalischen Frühförderung basiert auf Zielen, die den Boden für alle musikalischen Einheiten im „Krähennest" bilden[7]:

Freude und Interesse an der Musik wecken und vertiefen:

Kinder lieben Musik. Ihre Freude und Lust am Musizieren soll geweckt und vertieft werden, denn was Kinder mit Freude tun, verinnerlichen sie langfristig. In den musikalischen Einheiten mit den Kindern geht es vornehmlich um Spiel und Spaß als Möglichkeit des emotionalen Ausdrucks und nicht um Leistung.

Beispiel aus der Praxis: *„Was hast Du heute dabei? Wieder die große Gurke, die so lustig klingt? Die mag ich spielen!"* Ein Vierjähriger fragt nach dem Instrument Güiro, bevor die Musikstunde beginnt. Schon Kinder mit einem Jahr können mit der Güiro Bekanntschaft schließen.

Wahrnehmung fördern und stärken:

Wahrnehmen ist ein aktiver Prozess, bei dem das Kind sich an einem Geschehen beteiligt. Es beobachtet, es hört akustische Ereignisse, es differenziert und ordnet zu. Beim Singen, Musizieren und Bewegen werden Signale an die Sinne, die Seele und den Geist des Kindes ausgesendet. Diese Impulse sind Grundlage wichtiger Lernvorgänge.

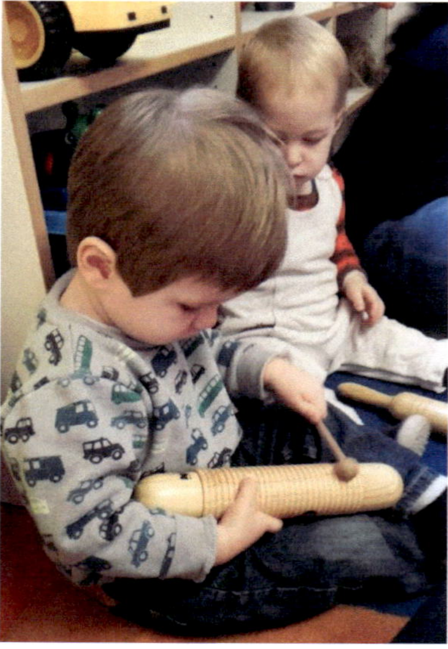

Jedes Kind wird ermutigt, aktiv an den Musikeinheiten teilzunehmen. Es lernt dadurch, intensiver wahrzunehmen und kann somit Erlebtes sicherer wiedergeben. Durch Wiederholen von Liedern, Rhythmen und anderen musikalischen Aktivitäten entwickeln die Kinder ein enormes musikalisches Gedächtnis. Sie nehmen dabei die musikalischen Strukturen sehr differenziert wahr. Deshalb werden den Kindern möglichst viele Anregungen und Anreize geboten, damit sie mit der Musik in einen aktiven Dialog treten können.

Beispiel aus der Praxis: *„Der Blättertanz ist toll. Aber zum Schluss, wenn die am Boden einschlafen, das mag ich nicht. Ich tanze heute einfach weiter." – „Nein, dann ist doch der Winter, da sind alle Blätter unten." – „Trotzdem. Ich will nicht, dass schon Winter ist." – „Nö, ist doch egal, dann sind die Schneeflocken dran. Flieg, flieg, flieg!" – „Na gut, dann eben ein Schneeflockentanz." – „Juhu!"* Unterhaltung von zwei Mädchen zu dem Herbstlied *Ihr Blätter wollt ihr tanzen, so sprach im Herbst der Wind* von Christian Lange.

Von Musik bewegt werden: Jede Art von Bewegung ist für die Persönlichkeitsentwicklung des Menschen eine Grundvoraussetzung und stellt damit ein Grundbedürfnis dar. Diesem Grundbedürfnis wird in der musisch-rhythmischen Frühförderung in vollem Maße entsprochen. In jeder Musikstunde sind die Kinder in Bewegung: im Spiel, beim Tanz, beim Rollenspiel. Bewegung in Wechselwirkung mit Musik zu erleben, heißt, den eigenen Körperrhythmus mit den rhythmischen Impulsen der Musik zu vereinen. Bewegung dient neben der Förderung der sozialen, emotionalen und motorischen Entwicklung der Kinder vor allem auch der rhythmischen Förderung und Schulung.

Beispiel aus der Praxis: Das Lied *Tripp, Trapp, Tripp, Trapp geht die Polonaise!* von Martin Hörster und Lena Schewe kann wunderbar abgewandelt werden, indem man den Körper aufweckt, bei den Füßen beginnt und am Kopf endet. Auch unterschiedliche Gangarten werden zum Rhythmus durchgespielt: von Tieren bis hin zu Fahrzeugen oder gar dem stapfenden Weihnachtsmann. Oft erfindet ein Kind ganz frei eine Bewegung oder einen Tanzschritt und alle anderen ahmen es nach.

Sich am Singen, Sprechen und an der Stimmentfaltung erfreuen:

Die Stimme und die Vielfalt ihrer Ausdrucksmöglichkeiten sind ein stets verfügbares Instrument zum aktiven Musizieren. Singen und Sprechen sind grundlegende Elemente der musikalischen Früherziehung. Sie haben in der Gestaltung der Musikstunden einen zentralen Platz.

Beispiel aus der Praxis: *„Bitte heute wieder die Chinesen singen mit viel A und I, das ist lustig. Ich will aber dann auch anfangen."* Ein fast vierjähriges Mädchen wünscht sich das Volkslied *Drei Chinesen mit dem Kontrabass.*

Es ist seit Jahrzenten ein Dauerbrenner und sehr beliebt, da die Veränderung und Betonung der Vokale den Kindern großen Spaß bereiten.

Lust am Musizieren erfahren: Das Kind kann seinen Körper als Musikinstrument erfahren, sich im Grundschlag wiegen oder damit Geräusche und Töne erzeugen und auf diese Weise seinen Gesang begleiten. Beim Bau von Instrumenten, z.B. einer selbst gebastelten Erbsenrassel, können Kinder hautnah erleben, wie Instrumente funktionieren.

Beispiel aus der Praxis: *„Ich höre nichts, meine Rassel ist kaputt"*, beschwert sich ein Dreijähriger traurig. Es werden gerade Rasseln gebastelt und in einem Korb gesammelt – einige sind noch nicht ganz fertig. *„Aber nein, schau, hier kannst du sie auffüllen. Linsen klingen leiser, die dicken Bohnen am lautesten. Danach kleben wir sie zu und du kannst mit ihr rasseln." – „Oh, dann will ich Bohnen."*

Instrumente kennenlernen: Die „echten" Instrumente üben auf Kinder einen sehr starken Reiz aus. Bei der musikalischen Frühförderung werden sie vielfältig eingesetzt: zur Lied-, Tanz- und Bewegungsbegleitung, zur musikalischen Kommunikation, bei der Gestaltung von Klanggeschichten, in der Experimentierphase und bei der Umsetzung musikalischer Parameter: langsam-schnell, laut-leise, hell-dunkel, lauter und leiser werden, schneller werden, Spiel und Pause.

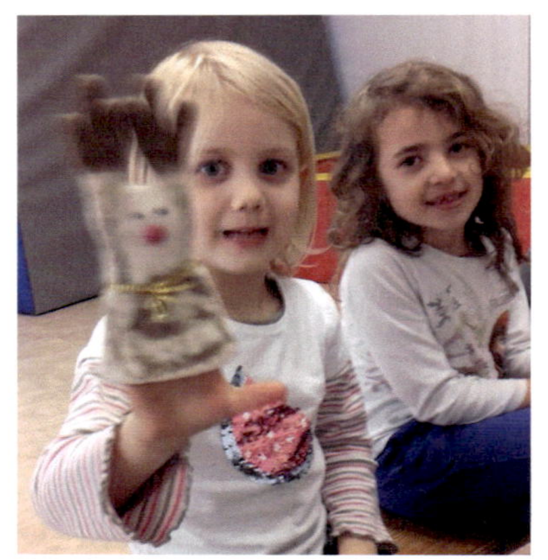

Beispiel aus der Praxis: Mit den Über-Vierjährigen spielen und begleiten wir eine Klanggeschichte. Die Hauptperson ist Rudolf, ein kleines Rentier aus Filz (sehr gut geeignet für die Vorweihnachtszeit). Auch ein kleines Glücksschweinchen aus Holz, ein Klangtier, wird gerne eingesetzt. Ihre Freunde werden durch normale Rhythmusinstrumente dargestellt. Die Kinder wählen Glöckchen für die Schafe, Klanghölzer für den Specht, Rasseln für die Schlange, Güiros für die Frösche, Triangeln für die Vögel und die dicke Trommel für einen Elefanten.

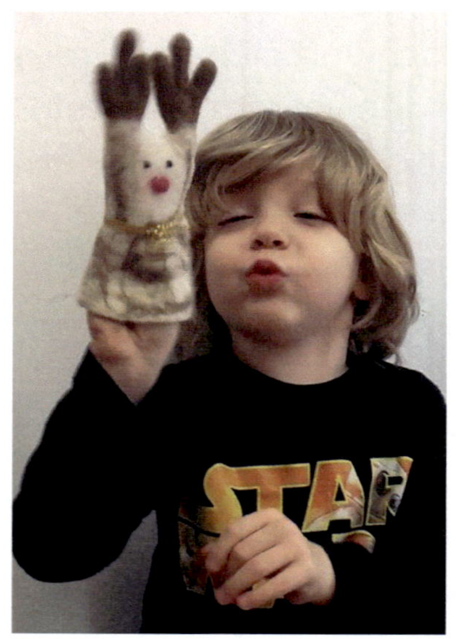

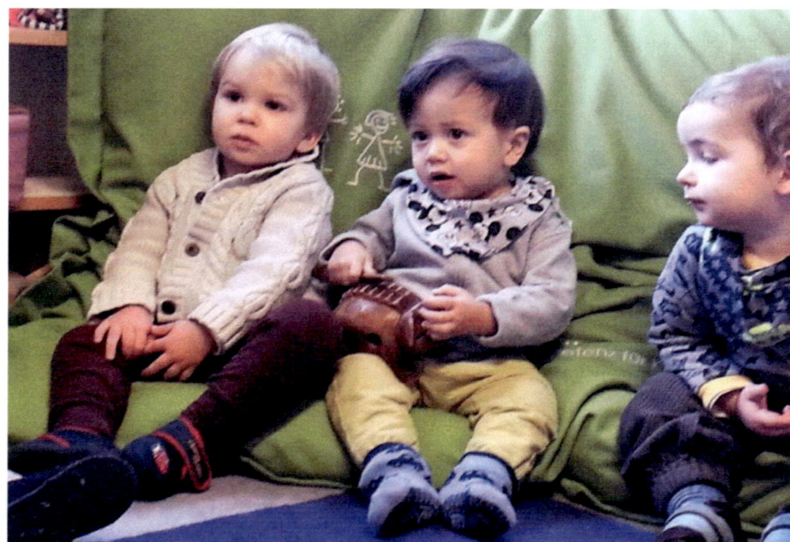

Bewusstes Musik-Hören, Hörkonzentration entwickeln: Das Hören wird durch ein ausgewähltes Angebot an akustischen Eindrücken gefördert. Spezielle Aufgaben sollen das Gehör mehr und mehr sensibilisieren. Dazu zählen zunächst Geräusche und Tierstimmen, dann Klänge verschiedener Instrumente und Musikstücke, die zunehmend mit dem auditiven Sinn differenziert und katalogisiert werden.

Beispiel aus der Praxis: Mit den Vorschulkindern werden in Etappen die *Vier Jahreszeiten* von Vivaldi angehört. Die Kinder erzählen, was sie hören und welche Phantasien sie dazu haben. Sie erkennen Sonnenstrahlen in den Geigen, hören ein Gewitter, wenn die Musik tiefer und unheimlicher wird, Vogelgezwitscher, wenn es heller und leichter klingt, sogar ein Regenbogen wird assoziiert.

„Klang-Rhythmus-Melodie-Dynamik-Tempo" - musikalisches Vorstellungsvermögen ausbilden:

Um Musik zu begreifen, müssen die Kinder alle musikalischen Parameter mit Singen, Musizieren und Bewegen selbst umsetzen dürfen. Veränderungen, beispielsweise in Tempo, Dynamik oder Tonhöhe, werden durch praktische Übungen und aktives Musizieren erfahrbar. Das Kind findet im Tun seinen eigenen Weg zu den Merkmalen der Musik, ihrem Zusammenwirken und ihrer Veränderbarkeit.

Beispiel aus der Praxis: *„Ich bin der Trommelkönig! Ich spiele laut und ganz schnell!"* Ein Fünfjähriger ist bei dem Lied *Kalimbimbo* von Uli Führe mit dem Trommeln an der Reihe. In der vorangegangenen Strophe tupfte der Junge vor ihm nur ein wenig mit den Fingerspitzen auf dem Trommelfell herum. Nun kann er endlich loslegen und patscht wild mit den flachen Händen auf die Bongo. Das Mädchen nach ihm ahmt zunächst den Wind durch Streichen nach und lässt dann viele Regentropfen trommeln. Bereits die Kleinsten lernen die Trommel kennen. Sehr gut kann man hier sehen, wie genau die Kinder beobachten und wie intensiv sie das neue Instrument wahrnehmen. Oftmals wollen sie direkt selbst ausprobieren.

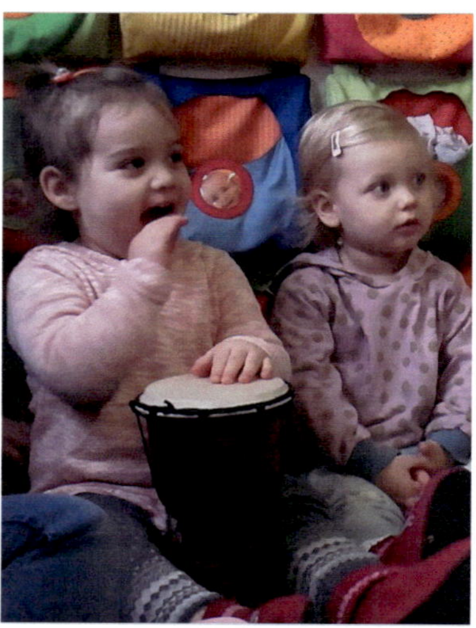

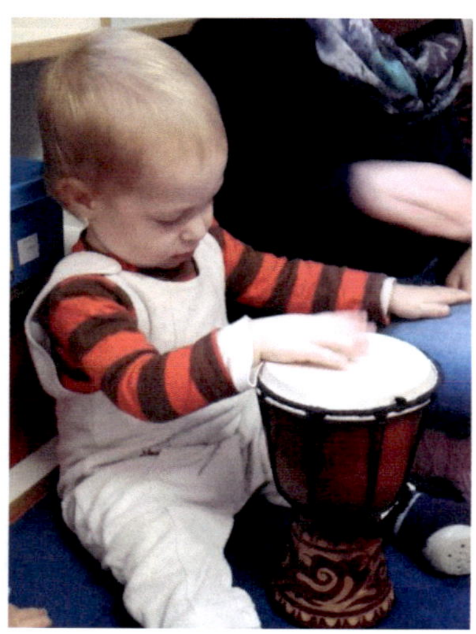

3 Methodische Erfordernisse

Der Einsatz von Handpuppen und Klangtieren und auch die immer wiederkehrende Wiederholung von bekannten, zuvor behandelten Inhalten sind zwei methodische Vorgehensweisen, die in der elementarpädagogischen Arbeit grundlegende Bedeutung haben.[8]

Zum Einsatz von Handpuppen und Klangtieren

Gerade wenn man in der ersten Eingewöhnungszeit, in der sich die ½- bis 2-Jährigen noch ganz offen, aber oft auch ängstlich im neuen Umfeld des Kindergartens wiederfinden, z.B. Handpuppen als Vermittler zwischen einem Instrument und der neuen, noch unbekannten Musikpädagogin einsetzt, sind die o.g. Erkenntnisse der musikpädagogischen Forschung nicht nur nützlich, sondern auch offensichtlich. Oftmals wird eine Katze als Handpuppe benutzt, um den ersten Kontakt zu erleichtern und aufzubauen. Von ihr wird eine kleine Rassel oder ein Handglöckchen viel eher entgegengenommen als direkt aus der noch fremden Hand der neuen „Frau mit der Gitarre" ...

Beispiel aus der Praxis: Mit der roten Klappermaus lernen schon die unter-dreijährigen Jungen und Mädchen die Verbindung von rhythmischem Klappern, lustigem Geräusch und selbsterzeugter Sprache. Die Kinder sehen zunächst, wie man die Klapper benutzt und der Ton entsteht. Dann wird dazu ihr eigener Name ausgesprochen, den sie schließlich nach ein paar Wochen und vielen Wiederholungen auch selbst sprechen können; dazu klappern sie mit der liebgewonnenen Maus.

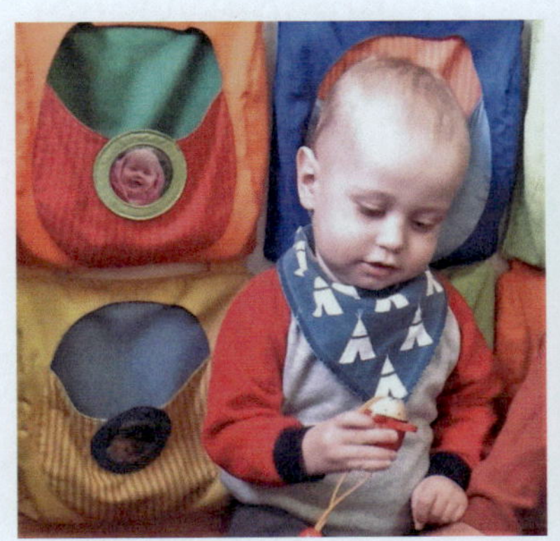

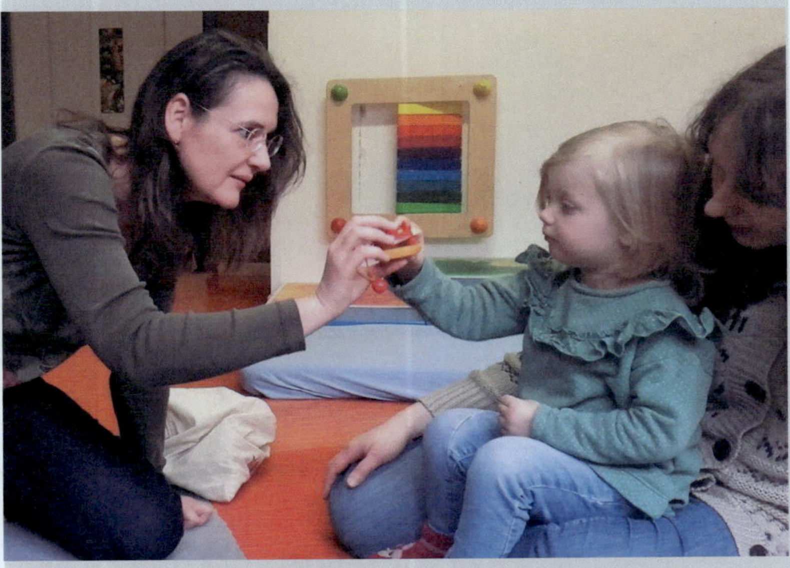

Die älteren Kinder können dies sofort umsetzen und suchen nach neuen Ausdrucksmöglichkeiten. In den Gruppen mit den

Über-Dreijährigen gibt z.B. ein Kind mit der Klappermaus den Takt vor, während die anderen Kinder mit Rasseln oder anderen Instrumenten dieser Vorgabe folgen. Als Variante kommt der Klapperfisch hinzu, so dass die beiden Tiere sich rhythmisch unterhalten können. Diese Übungsform ist für die Vorschulkinder gut geeignet. Damit in Bewegung zu kommen, ist mit allen Kindern, egal welchen Alters, recht einfach, da Maus und Fisch animierend wirken und als Variante auch (z.B. bei einem Kreistanz) herumgegeben werden können. Wenn die Tiere so von Kind zu Kind wandern, werden Spielweise (laut, leise, schnell, langsam) und Spielart (vor dem Bauch, hinter dem Rücken, über dem Kopf ...) verändert. In jeder Gruppe kann dies, je nach Alter, sehr vereinfacht oder differenzierter umgesetzt werden. Mit etwa 4 Jahren erfinden manche Kinder bereits eigenständig die Begleitung eines Liedes mit dem Fisch oder der Maus. Dabei übt die Gruppe, jeweils dem Kind, das das Klappertier gerade spielt, aufmerksam zuzuhören.

Die Konzentration in der Musikrunde zu halten, ist nicht immer einfach, da manche Kinder rasch das Interesse verlieren, wenn sie gerade nicht an der Reihe sind. Abzuwarten, bis sie das Klangtier endlich selbst spielen dürfen, ist oft eine Geduldsprobe und schwer auszuhalten. Aber wenn sich zur Klappermaus dann der Klapperfisch als neuer Freund hinzugesellt und mit ihm eine weitere musikalische Variante dazukommt, ist die

Aufmerksamkeit wieder hergestellt. Die spielerischen Möglichkeiten in den Musikgruppen werden jeden Tag neu kreiert und entstehen oft spontan, wenn die Kinder das aktuelle Thema des Kindergartentages aufgreifen.

Beispiel aus der Praxis: Wichtig ist auch, gelegentlich etwas Besonderes in die Musikstunde aufzunehmen, etwa bei den Klangtieren zu variieren, ein ungewöhnliches Instrument mitzubringen oder bei den älteren Kindern einmal klassische Musik anzuhören. Beispielsweise gibt es im „Krähennest" eine Kiste mit 11 hölzernen Frosch-Klangtieren, die sich für solch eine Überraschung gut eignet und dann manchmal hervorgeholt wird. Diese Frösche haben drei unterschiedliche Größen, die dadurch alle einen anderen Klang erzeugen, wenn man mit dem Holzstab über die Einkerbungen an deren Rücken entlangstreicht. Die Kinder nennen sie kleine Babyfrösche, mittlere Elternfrösche und große Oma- und Opafrösche. Sie rücken nach dem ersten Kennenlernen in den folgenden Wochen immer wieder in den Mittelpunkt. So verstärkt sich die Vorfreude auf die musikalischen Einheiten und durch die Wiederholung wird das musische Lernen besonders bei den Unter-Dreijährigen leichter zu einem Erfolgserlebnis. Die Kinder „quaken" mit dem Klangtier zunächst ganz freie Laute oder auch ihren Namen und lernen die richtige Spieltechnik, begleiten danach mit dem Frosch verschiedene Lieder und hüpfen schließlich selbst wie die Frösche im Rhythmus bzw. im Refrain dazu. Dies kann in allen Gruppen umgesetzt werden und wird auch schon mit den Kleinsten zu einem besonders lustigen Erlebnis.

In den folgenden Wochen gibt es in der Musikrunde mit den nun schon bekannten Klangtieren in allen Kindergruppen ein fröhliches Froschkonzert. Dazu eignen sich das Volkslied *Heut´ ist ein Fest bei den Fröschen am See* (deutsche Volksweise) als Kanon und *Die Frösche haben heut Konzert, das ist wirklich sehenswert* (von Jenny Thoms) besonders gut. Oft möchten die Kinder von sich aus noch einmal die Klangfrösche sehen und mit ihnen musizieren. Vorschläge wie *„Heute erfinden wir den Froschtanz"*, *„Wir quaken dem Storch ganz laut ins Ohr"* oder *„Jetzt ist es ja bald Winter. Ich möchte den Fröschen ‚Tschüss bis zum Frühling' sagen"* werden gerne erfüllt und den Möglichkeiten entsprechend umgesetzt. Mit den Älteren kann ein Rate-Singspiel veranstaltet werden, bei dem man sein Lieblingslied quakt, anstatt die korrekten Strophen zu singen. Die anderen Kinder müssen erraten, welches Lied gemeint ist. Das ist meist sehr lustig und gar nicht so einfach; darum ist es für die Vorschulkinder am besten geeignet. So zieht sich ein elementares Thema meist durch alle Gruppen und wird im Laufe des Kindergartenjahres immer wieder aufgegriffen und vertieft.

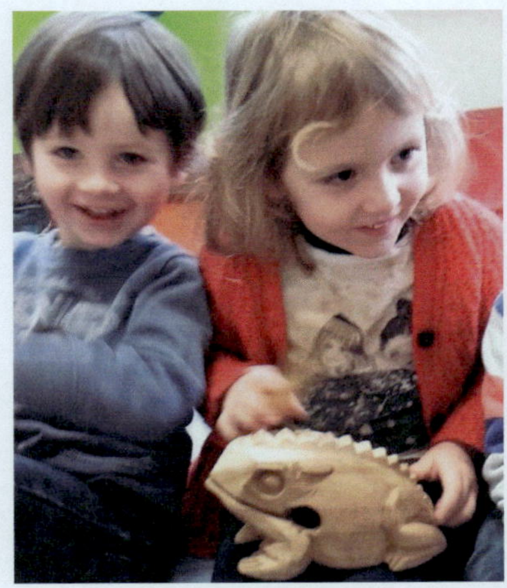

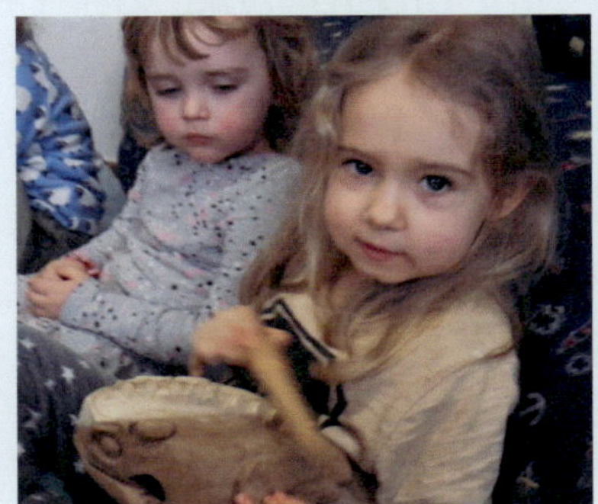

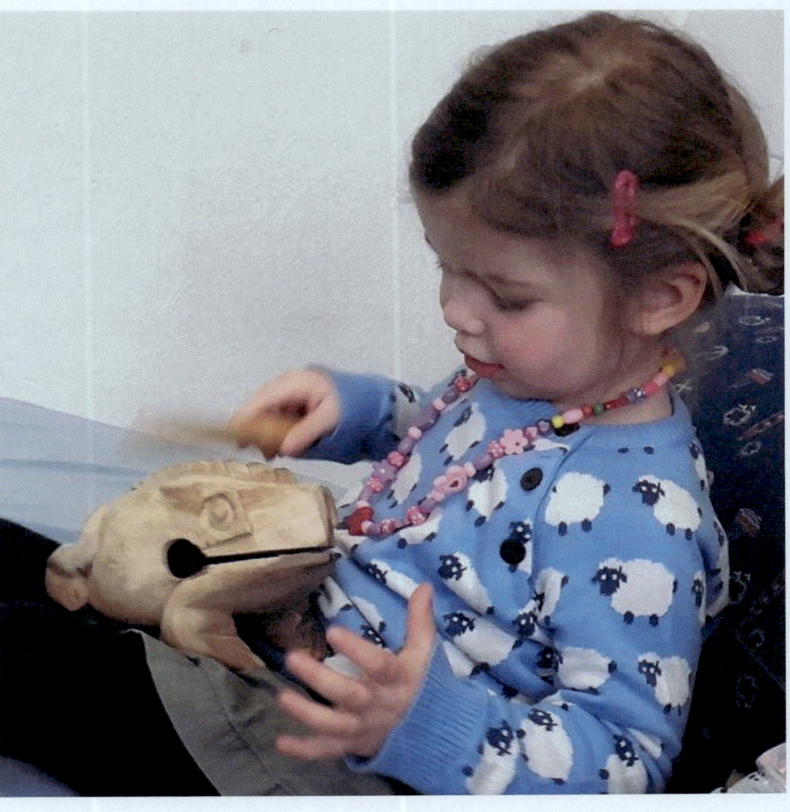

Wiederholungen: das A und O

Viele Wiederholungen und kleine Abwandlungen des gleichen Liedes sind das A und O in der Elementarpädagogik. Sie schenken Raum für Kreativität und regen den Einfallsreichtum der Kinder an. Lieblingslieder, die immer, wenn ein Kind Geburtstag hat, auf der Wunschliste stehen, werden zum Ehrentag gesungen. Und es wird dazu gespielt oder getanzt.

Beispiel aus der Praxis: Besonders gut eignet sich z.B. das Lied *Kräht der Hahn früh am Morgen*. Dieses schöne traditionelle, aber dennoch eher wenig bekannte Geburtstagslied stammt von der deutschen Schriftstellerin Paula Dehmel (1862-1918). Man kann bei den einzelnen Strophen den Kindern Rollen vergeben (der Hahn, das Häschen, das Eichhörnchen, der Kuchen und schließlich alle Kinder). Alle gratulieren dem Geburtstagskind auf ihre eigene Art und Weise. Das Lied ist schon für etwa 3-Jährige geeignet und noch bei Kindern im Vorschulalter sehr beliebt. Ein 6-jähriger Junge wünschte es sich zum Abschied, als er seinen letzten Tag im Kindergarten hatte. Da er keinen Geburtstag hatte, wurde das Lied einfach umgedichtet gesungen: *„Guten Morgen, lieber Dominik, dein Abschied (statt Geburtstag) ist heut!"*

Wichtig sind Wiederholungen auch deshalb, weil sie besonders bei den Kindern unter 5 Jahren das Wohlbefinden und die Sicherheit innerhalb der Musikeinheiten steigern. Eine erkennbare Struktur, die nicht nur durch das Eingangs- und Schlusslied hervorgerufen wird, sondern auch durch andere immer wiederkehrende Lieder, ist für die Frühförderung notwendig. Je häufiger ein Lied gesungen wird, desto mehr festigt es sich. Erst die erneute Erfahrung mit einem Lied, dessen Text und Melodie ermöglicht es den Kindern, für sich selbst auch Erfolgserlebnisse zu bemerken. Kommt dann noch das Lob der Musikpädagogin hinzu, die den Kindern einfühlsam vermittelt, welche Fortschritte sie schon gemacht haben, ist das Glücksgefühl der Kinder groß.

Nicht zuletzt erhöhen Wiederholungen die Freude am Musizieren, weil es mit jedem Mal ein bisschen leichter fällt und sich der Raum für spielerisches Begleiten zunehmend öffnet.

4 Das Projekt

Im Folgenden werden die vorbereitenden, organisatorischen Maßnahmen des Projektes beschrieben sowie Besonderheiten, die bei der Arbeit im „Krähennest" von Bedeutung sind, z.B. die regelmäßige Mitwirkung von ErzieherInnen und pädagogischem Fachpersonal in den einzelnen Musikstunden oder das integrative Arbeiten.

Vorbereitung und Planung

Die Aufteilung der insgesamt 5 Gruppen wurde zu Projektbeginn mit dem Kindergartenleiter, Jan Mehrländer, und den ErzieherInnen abgestimmt. Der Kindergarten ist etwas verschachtelt gebaut und bietet nicht so viel Platz und Möglichkeiten, so dass zweimal die Räume gewechselt werden müssen. Die Musikstunden beginnen mit einer Gruppe der Unter-Dreijährigen in den Räumen der sogenannten „Hippogruppe" im Erdgeschoss, direkt bei den Kleinsten. So müssen die Kinder nicht die Treppe zum eigentlichen Musikraum, der sogenannten „Trauminsel", hochgetragen werden und bleiben in ihrer bekannten Umgebung. Die anschließenden Stunden mit den 3- bis 5-jährigen Kindern aus der Delphin- und Bärengruppe werden dort abgehalten. Da die „Trauminsel" den Kleineren später zum Mittagsschlaf dient, gehen wir mit der letzten Gruppe der Vorschulkinder in die Turnhalle. Sie liegt im Untergeschoss neben dem Außengelände des Kindergartens. Hier gibt es genug Platz für Tanz- und Bewegungsspiele und es stört niemanden, wenn es mit den Großen auch einmal etwas lauter wird. Mit dieser Gruppen- und

Raumaufteilung, an die Gegebenheiten vom „Krähennest“ angepasst, werden wir den Bedürfnissen jeder Altersgruppe gerecht. Dieser Rhythmus im Tagesablauf ist auch den neuen Kindern schnell klar und sie freuen sich auf jeden Mittwoch, dem Musiktag im „Krähennest“. 11 bis höchstens 15 Kinder sind in einer Gruppe, wobei jedes Kind immer der gleichen Gruppe zugeordnet ist. Durch die festen Zeiten und die bekannten Gesichter in der Gruppe gewinnen die Kleinen Sicherheit. Diese verlässliche Regelmäßigkeit ist ein wichtiger Grundpfeiler, da die Kinder klare Strukturen benötigen, um sich entspannt neuen Inhalten öffnen zu können.

Ablauf einer Musikstunde

Auch der Ablauf einer Musikstunde folgt einer stets gleichbleibenden Struktur, die die Kinder sehr schnell verinnerlichen und in ihrer Regelmäßigkeit geradezu einfordern.[9]

Sammeln im Kreis

Wenn alle Kinder im Kreis sitzen und etwas Ruhe eingekehrt ist, wird mit einer kleinen Namensrunde begonnen. Hier dient ein Ball, eine Triangel, ein sehr einfaches Lied oder ein Klangtier als Medium. Kinder, die ihren Namen noch nicht sprechen können, erzeugen dennoch über das Instrument einen oder mehrere Töne und beanspruchen den Raum und die Aufmerksamkeit aller einen Moment lang für sich.

Die Gitarre aufwecken

Danach wird die Gitarre aufgeweckt, aus ihrer Hülle geholt und von allen begrüßt. Manchmal bleibt sie in der Eingewöhnungsphase bei den Kleinsten noch eine Weile im Hintergrund, da sie durch ihre Größe vielen im ersten Lebensjahr Angst einflößt, oft zu gewaltig und laut daherkommt. Langsam kann sie zupfend und dezent eingesetzt werden, bis die Scheu überwunden ist und die Kinder über ihre Saiten streichen und die Erfahrung machen, wie schön sie klingt.

Willkommenslied

Zum Willkommenslied *„Halli-Hallo"* kommen die Instrumente aus ihrer Kiste. Sie werden bei den kleinen Kindern kurz erklärt, benannt und so in Erinnerung gerufen. Jedes Kind kann sich der Reihe nach eines der in der Mitte liegenden Instrumente aussuchen – eine Geduldsprobe für die meisten Jungen und Mädchen jeden Alters. Das Warten, bis man endlich dran ist, ist eine der schwierigsten Übungen für Kinder, die am liebsten direkt zu ihrem Lieblingsinstrument greifen wollen. Oftmals gibt es Tränen, wenn die große Triangel, die tolle rote Rassel oder der Schellenkranz schon von einem anderen Kind ausgesucht wurde. Wie gut, dass es Lieder gibt, bei denen man in jeder Strophe sein Instrument dem rechten Nachbarn weitergibt und schließlich das Lieblingsstück wie von selbst vorbeikommt und in den Händchen landet.

Eine der wichtigsten Regeln bei der Liedbegleitung ist, sorgsam mit allen Instrumenten umzugehen. Falls doch einmal etwas kaputt geht, wird es auch gemeinsam wieder repariert. Glöckchen können neu am Schellenstab befestigt werden; abgesplittertes Holz an der Rassel wird übermalt; mit Holzleim werden Klangplatten angeklebt oder das Halteband an der Triangel kann erneuert werden.

Gemeinsames Singen

Mindestens zwei bis drei bekannte Lieder, von den Kindern mit Klanginstrumenten begleitet, singen alle zusammen zur Gitarre. Danach wird oftmals ein neues Lied eingeführt, welches thematisch in die Kindergartenzeit passt, und in den folgenden Stunden eingeübt.

Sich bewegen

Nachdem die Instrumente weggeräumt sind, kann es bewegter werden, da die Konzentration bereits etwas nachlässt. Sich zu Liedern mit einem Rollenspiel, mit Pantomime oder Tanz emotional ausdrücken dürfen, ist sehr beliebt, besonders, wenn es dabei um Tiere geht oder um ein Märchen. Bei den Älteren kann auch eine Klanggeschichte, die genaues Hören und Wiedergeben abverlangt, ein Stück aus der klassischen Musik oder das Nachspielen eines Konzertes zum Thema gemacht werden.

Abschlusslied

Ein Abschlusslied beendet jede Musikeinheit. Die Gitarre wird von jedem Kind mit einem Anschlagen der Saiten verabschiedet. Manchmal tanzen die Kinder zum Ende oder hüpfen mit dem *„Babalou"*-Lied zu ihren Schuhen, die sie noch anziehen müssen, bevor sie den Raum verlassen.

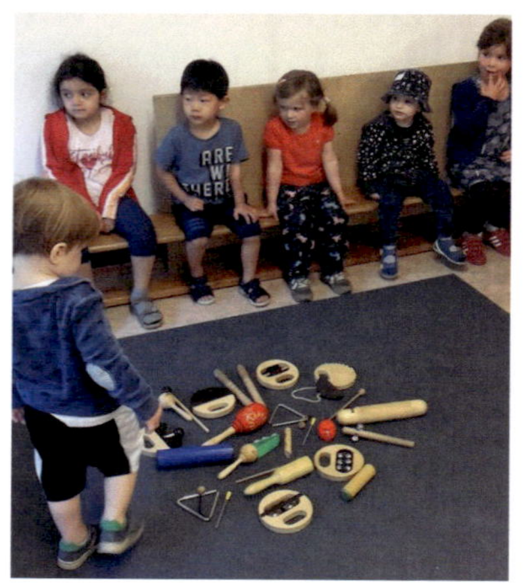

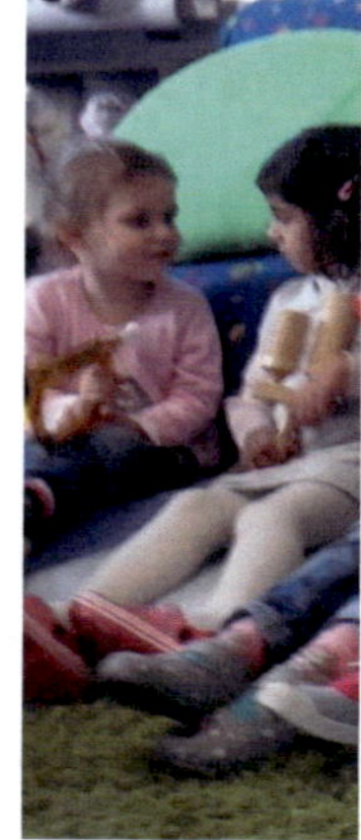

Die Mitwirkung der ErzieherInnen

Im „Krähennest" ist es Usus, dass die PädagogInnen regelmäßig zur Teilnahme an den musikalischen Fördereinheiten eingeladen sind. Ihre Anwesenheit gibt den Kindern zusätzlich Sicherheit und trägt mit dazu bei, in den Musikstunden Struktur und Ordnung zu bewahren. Indem sie aktiv am Geschehen teilnehmen, lernen die ErzieherInnen Lieder, Singspiele oder auch die gemeinsame Herstellung von Rhythmusinstrumenten kennen und erweitern so ihr pädagogisches Repertoire. Wenn diese musikalischen Elemente dann noch in die eigene Gruppenarbeit integriert werden, unterstützt dies die musikalische Frühförderarbeit zusätzlich.

Integratives Arbeiten

In der Gruppe bei den Dreijährigen ist ein mongoloides Mädchen mit dabei, welches eine eigene, spezielle Betreuerin hat, die an den Musikstunden teilnimmt und der Kleinen vieles erleichtert. Sie entlastet auch die teilnehmenden PädagogInnen, da das Mädchen in seiner Begeisterung oft sehr schnelle und unkontrollierte emotionale Reaktionen zeigt, die man alleine nicht ohne Weiteres auffangen könnte. Manchmal greift sie sehr flink nach einem Instrument, will es zunächst nicht wieder hergeben und wirft es dann doch plötzlich wieder zurück, um sofort ein anderes zu nehmen. Die anderen Kinder nehmen sich dann vorsichtig zurück, da sie nicht einschätzen können, was als Nächstes passiert. Alle sind sehr geduldig und man merkt, wie fröhlich die Kleine ist, wenn sie mit den anderen Kindern musizieren, singen und tanzen kann. Sie genießt die Musikstunden und erkennt mittlerweile auch schon den Ablauf, in dem sie sich zunehmend sicher fühlt und einfügt.

Mitbringen eigener „Instrumente"

Manche Mädchen und Jungen sind so begeistert, dass sie alle möglichen Instrumente (manchmal aus Plastik, manchmal mit Batterie, manchmal auch eine richtige kleine Trompete oder Ukulele) von zu Hause mitbringen, um sie in den Musikgruppen ganz stolz vorzuführen. Dies nimmt manchmal ein wenig überhand, was nach Absprache mit den ErzieherInnen dann zur Einführung einer neuen Regelung führt: Die Kinder fragen vorher, ob sie ihr Instrument in der Gruppe zeigen dürfen und erklären, was sie dabeihaben. Bedingung ist auch, dass jedes Kind der Gruppe es einmal ausprobieren darf. Ihr Instrument wird dann gezielt in die musikalische Einheit mit eingebaut und danach wieder weggepackt. So nimmt es nicht allzu viel Raum ein und die Freude des Kindes wird gewürdigt. Zugleich lernen die Kinder die Vielfalt der Musikinstrumente kennen, was sie staunen lässt und neugierig macht auf die reiche Welt der Musik.

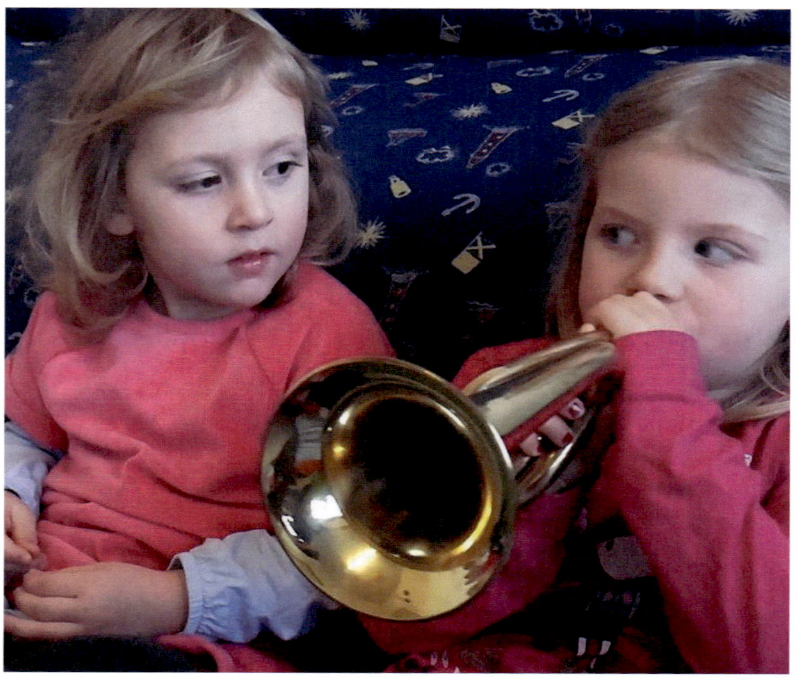

Thematische Schwerpunkte

In der musikalischen Frühförderung gibt es gruppenübergreifende Schwerpunkte, die dem Alter gemäß mit unterschiedlicher Methodik und Didaktik umgesetzt werden:[10]

Musikalische Sprachförderung

Die „Musikalische Sprachförderung" steht vor allem bei den Kleinsten (bis 3 Jahre) im Vordergrund. Weil Kinder dieser Altersstufe von Spielliedern und Reimen in Verbindung mit Grob- und Feinmotorik fasziniert sind, ist diese Form der Sprachförderung in den musikalischen Einheiten pädagogisch besonders wertvoll. Schon in der Fröbel-Tradition ist diese Methode tief verwurzelt[11] und auch die heutigen Kinder spielen uneingeschränkt gerne mit sogenannten Lautmalereien. Die daraus entstehende Lautsymbolik (in der Fachsprache als Onomatopöie bezeichnet) ab der Geburt ist der erste Versuch, die Welt in Kategorien einzuteilen. Eine „Miau" oder ein „Wau-wau" ist in der kindlichen Wahrnehmung vielleicht einfach ein Fell-Tier mit vier Beinen. Der spielerische Umgang mit diesen Lautmalereien im Kleinkindalter ist der Grund für die Affinität der Kinder, in Liedern und Reimen phänomenologische Geräusche und Klänge zu sprechen und zu singen.[12]

Beispiel aus der Praxis: Da man vom „Krähennest" aus durch das Fenster oftmals eine Eisenbahn vorbeifahren sieht, unterbricht das begeisterte „Tsch-Tsch"-Geräusch der Kinder immer wieder die Musikstunden. Obwohl in der Umwelt die Dampflokomotiven nur zu besonderen Anlässen fahren, sind sie in allen Generationen von Kindergartenkindern ein beliebter Gegenstand zum Tönen. Der Grund liegt in der Kombination von Bewegung und Geräusch, was die Kinder gerne nachahmen. Es lohnt sich, diese Lautmalereien zu pflegen und auszuführen, denn es macht den Kindern Spaß und fördert gleichzeitig durch das Zusammenspiel von Musik, Sprache und Bewegung die Motorik, die Hörkonzentration und die eigenständige Fähigkeit zur Umsetzung.

Beispiel aus der Praxis: In den Musikgruppen mit den Unter-Dreijährigen ist oft die Katzenhandpuppe mit dabei. Für die Kleinsten ist sie noch die „Mau" oder „Miau", später die „Datze" und schließlich die „Katze". Darauf zu achten, sich als Erwachsener stets selbst um eine klare Artikulation zu bemühen und nicht zu schnell zu sprechen oder zu singen, ist für die Kinder aller Altersgruppen wichtig. Kinder lernen das Meiste vom Zusehen und Lauschen, nehmen viel mehr auf und hören genauer hin als wir „Großen". Sie übernehmen alles entsprechend der Vorlage der Erwachsenen. Mit dem Lied *Die kleine Katze Miezemusch* von Detlev Jöcker werden die Jüngsten früh vertraut gemacht. Ganz aufmerksam beobachten sie die Handpuppe, wie sie den Text des Liedes spielerisch verdeutlicht. Mit zwei oder spätestens drei Jahren ahmen die Kinder die Katze nach und spielen schließlich selbst das Lied nach.

Dieses Erleben verinnerlichen die Kinder so sehr und verbinden es mit positiven Erfahrungen, dass sogar noch Vorschulkinder danach fragen und das Lied mit viel Hingabe musikalisch umsetzen, wenn man ein Wunschkonzert veranstaltet.

Rhythmus und Klang

„Rhythmus und Klang" ist ein musikalischer Schwerpunkt, der bei Kindern, die zwischen 4 und 5 Jahre alt sind, behandelt und vertieft wird. Hier werden verstärkt Reime mit Finger- und Handgestenspielen eingesetzt. Durch den aufrechten Gang des Menschen entwickelte sich mit dem variantenreicheren Einsatz der Finger die Feinmotorik der Hände und parallel dazu die differenzierte Funktion der Stimmbänder. Das Sprachzentrum im Gehirn liegt nicht ohne Grund direkt neben dem Zentrum der Motorik der Hände. Insbesondere die Daumen nehmen im Bewegungszentrum der Hand einen großen Teil ein.[13] Das ist kein Zufall, denn durch den Daumen sind wir imstande, zu greifen und zu begreifen. Und dieses Begreifen hängt wiederum unmittelbar mit dem Intellekt und der Entwicklung des Denkens zusammen. So gibt es Fingerspiele für Kinder, die nur oder vor allem mit dem Daumen ausgeführt werden, um die Motorik des Daumens zu fördern. Mit allen Fingern Geräusche auf die unterschiedlichste Art und Weise zu produzieren, den Takt zu erkennen und aufzunehmen, ihn dann auf Instrumente und Lieder zu übertragen, ist ein Entwicklungsweg, der in dieser Altersgruppe gefördert werden sollte. Viele Sing-, Rhythmus- und Klangspiele sind aus dem intuitiven Verständnis dafür entstanden, dass man dem Kind in seiner Entwicklung helfen kann, indem man seine Wahrnehmung anregt. Kinder, die zwischen vier und sechs Jahre alt sind, gehen mit offenen Augen und Ohren durch die Welt. Sie begreifen die Welt durch aktives Spiel, entwickeln Geschmack und künstlerische Fähigkeiten. Jetzt ist die beste Zeit, Kinder mit kreativer Leichtigkeit in die Welt der Klänge eintauchen zu lassen und sie an das genaue Hinhören und Lauschen und an die unterschiedlichen Musikformen heranzuführen.

Bei alledem ist die Sensibilität des Musikpädagogen gefragt, denn viele Kinder sind durch die Nutzung moderner Medien heutzutage viel früher und massiver mit musischen Reizen aller Art konfrontiert als in früheren Zeiten. Die Kinder schalten innerlich schneller ab, wenn ein Thema sie nicht sofort fesselt. Aus der Stille heraus einen Rhythmus zu entwickeln, diesen zu steigern, zu variieren und schließlich wieder ganz langsam leiser werden zu lassen, ist für viele Mädchen und Jungen etwas

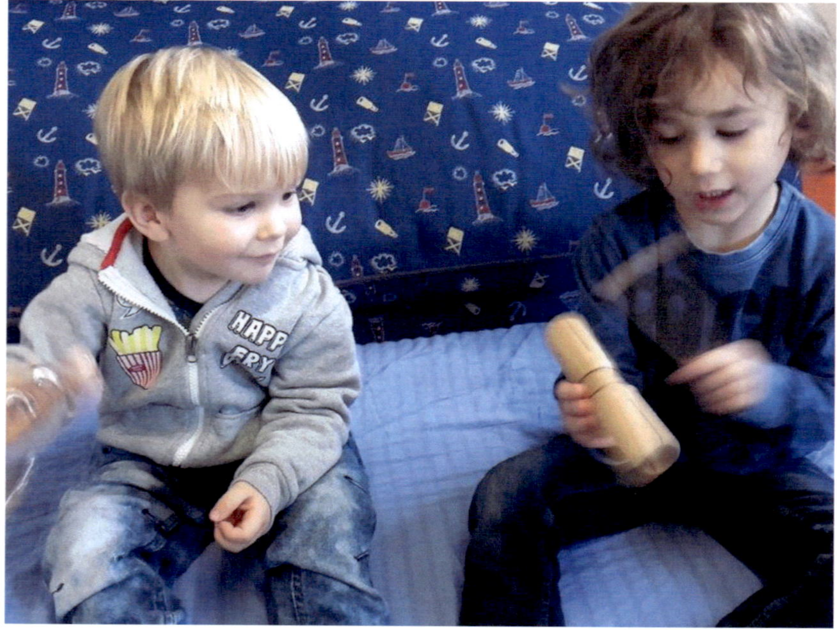

Neues. Dem langen feinen Ton einer Zimbel nachzulauschen, bis er gänzlich verklungen ist, ohne unruhig zu werden oder sich direkt mit etwas anderem abzulenken, ist oft eine Herausforderung. Erfahrungsgemäß erreicht Musik die Kinder am besten, wenn sich Zuhören und Mitmachen, selbstbestimmtes Musizieren und Aufeinander-Hören beim Zusammenspiel abwechseln.

Musik in Bewegung

„Musik in Bewegung" rückt besonders bei der Arbeit mit Vorschulkindern in den Fokus des Musikpädagogen. Das ganzheitliche Erleben und fantasievolle Gestalten von Reimen, Versen, Bewegungsspielen, Liedern und Tänzen fördert die Kinder in ihrer natürlichen Musikalität, in ihrem Bewegungsvermögen und insbesondere auch in ihrer Sprachentwicklung. Beim Improvisieren und Experimentieren mit Rhythmik wird die Kreativität der Kinder besonders angeregt. Mit Bewegungen, Singspielen, die Geschichten erzählen, und mit allen möglichen vorhandenen Instrumenten wird fantasievoll experimentiert. Wenn Kinder ihre Ideen und Gefühle musikalisch gestaltend umsetzen dürfen, erfahren sie, dass Selbstbetätigung und Selbstbestätigung Freude macht. Dass sich diese Erfahrung wiederum positiv auf die Persönlichkeitsentwicklung der Kinder und die Erweiterung des intelligenten Agierens mit ihrer Umwelt auswirkt, liegt auf der Hand.

Beispiel aus der Praxis: In der Vorschulphase kommt es ab und zu vor, dass die Lust der Kinder auf die Musikstunden nachlässt, da sie oft mit „noch klein sein" in Verbindung gebracht werden. Daher wird es in diesen Gruppen wichtiger, besondere musische Aufgaben zu verteilen oder komplexere Sing- und Bewegungsspiele einzubringen. Dass Musik interessant bleibt und noch viel mehr zu bieten hat, kann bei der intensiveren Beschäftigung mit verschiedenen Konzertinstrumenten, dem Malen von Noten oder dem spannenden Musikmärchen *Peter und der Wolf* von Sergei Prokofjew erfahren werden. Die Konzentrationsfähigkeit wird gefördert, indem die Kinder angeregt werden, sich auch an den thematischen Spielformen, z.B. bei einer Tiergeschichte, emotional zu beteiligen. Die Kinder tauchen sozusagen mit Haut und Haaren in die sensorisch reizvollen und abwechslungsreichen musischen Angebote ein.

Durch den spielerischen Umgang im Wechsel von Sprache und Bewegung, Musik und Rhythmus werden die Kinder nicht nur zum Musizieren, sondern auch zum Improvisieren angeregt. Mit einfachen Instrumenten und dem eigenen Körper schlüpfen sie in Rollen, treten miteinander in Kontakt und lernen, genauer zu unterscheiden. Bei der Bewegung zur Musik kommen die Kinder in Berührung mit formalen (Rhythmus, Form, Melodie, Phrase), raum-zeitlichen (Schnelligkeit, Artikulationen wie lang-kurz) und energetischen (Klang, Lautstärke, Artikulationen) Größen, die sie kreativ umsetzen können. Manche Kinder äußern in diesem Alter auch schon den Wunsch, ein „richtiges" Instrument lernen zu wollen. Für Vorschulkinder kann die Fünfloch-Kindergartenflöte ein guter Anfang sein.

5 Arbeit in den Gruppen

Auf den folgenden Seiten werden entwicklungspsychologische Aspekte angesprochen und darauf aufbauend methodisch-didaktische Überlegungen angestellt. Beispiele aus der musikalischen Früherziehungsarbeit sollen die Entwicklungsschritte von Jungen und Mädchen unterschiedlichen Alters im „Krähennest" aufzeigen und zugleich verdeutlichen, wie sinnvoll und wohltuend Musik für die kindliche Seele ist.[14]

5.1 Musikalische Arbeit mit den Kleinsten und bis 3-Jährigen

Musik begleitet uns alle von Anfang an. Bereits in der Gebärmutter nimmt der Embryo akustische Reize wahr, welche die neuronale Vernetzung anregen und sich somit früh in das sich bildende Gedächtnis senken. Um das musikalische Potential des Kindes zu fördern, benötigt es vor allem liebe- und freudvolle Regelmäßigkeit. Auch sollte ein Gleichgewicht von Aktion (gemeinsames Singen, Klatschen, Musik-Anhören oder selbst rasseln) und anschließender Entspannung hergestellt werden. Gerade in der ersten elementaren Zeit mit den Kleinsten ist es bedeutsam, den spielerischen Charakter und das lustvolle Tun des Kindes in den Vordergrund zu stellen. Um die Offenheit und Wahrnehmungsfähigkeit zu erhalten, ist nicht nur die stetige Wiederholung beim gemeinsamen Singen von Liedern wichtig, sondern auch die Anpassung der Tonlage an die kindliche Stimme. Es ist bezeichnend, dass Kinderlieder eher hoch toniert sind.

Sprache und Musik sind sich ähnlicher als gedacht. Besonders bei Sprachmelodie und Sprachrhythmus, die in der Artikulation eine wichtige Rolle spielen, können sehr leicht Verbindungen zu Klängen hergestellt werden. Durch das frühe Singen und Musizieren (später dann auch mit Instrumenten) verbessert sich das Rhythmusgefühl, was die Sprache positiv in Deutlichkeit und Ausdruck beeinflusst.

Säuglinge kommen mit großem Interesse und Neugier zur Welt. Sie wollen sich alles in ihrer Umgebung spielerisch aneignen. Dazu gehört auch das Experimentieren mit Gegenständen. Dinge, die Geräusche erzeugen, finden Kinder besonders anziehend. Es müssen nicht immer fertige Instrumente sein. Alles, was Klänge von sich gibt, kann genutzt werden. In den musikalischen Einheiten erhalten die Kinder, welche oft schon mit 6 Monaten teilnehmen, hierfür den notwendigen Raum. So wird schon früh bei jedem neuen kleinen Erfolgserlebnis das Selbstbewusstsein gestärkt.

Beispiel aus der Praxis: Ein Mädchen, gerade erst 9 Monate alt, sitzt während der Eingewöhnungszeit auf dem Schoß der Mutter und bekommt zum ersten Mal Klangstäbe. Es schaut still zu, wie ich erst in seine eine und dann in seine andere kleine Hand einen kurzen Bambusstab lege. Durch den Greifreflex hält das Mädchen die Stäbe ganz fest. Während wir das Klangholzgedicht aufsagen, bei dem die anderen Kinder ganz unterschiedliche Klopftechniken mit den Stäben vollführen, bewegt es seine eigenen Stäbe nicht. Die Augen des Kindes sind jedoch weit geöffnet und staunend hört es die verschiedenen Klänge, die die übrigen Kinder hervorbringen. In jeder weiteren Woche beobachtet es konzentriert weiter, die Klanghölzer fest gepackt, aber ohne selbst einen Ton zu erzeugen. In der nächsten Stunde frage ich das Mädchen, als ich die ersten beiden Klanghölzer aus der Tasche hervorhole und ihm diese gebe, was man wohl mit diesen beiden Stäben machen kann. Das Kind legt den kleinen Kopf etwas schief und schaut mich ungläubig an. *„Zeig es mir mal! Wie soll man damit denn Musik machen?"*, frage ich noch einmal. Daraufhin huscht ein Lächeln über sein Gesicht und es lässt nicht ohne Stolz den ersten Ton mit den Klangstäben erklingen. *„Ach, so geht das! Das hört sich ja schön an."* Jetzt ist es leicht, das Kind zu bestärken und zu loben. Daraufhin werden die restlichen Klanghölzer an die anderen Kinder verteilt und das Konzert kann beginnen. Ab sofort immer mit *allen* Kindern.

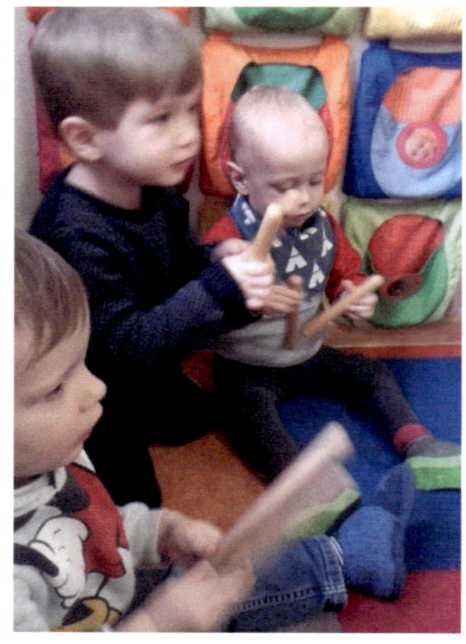

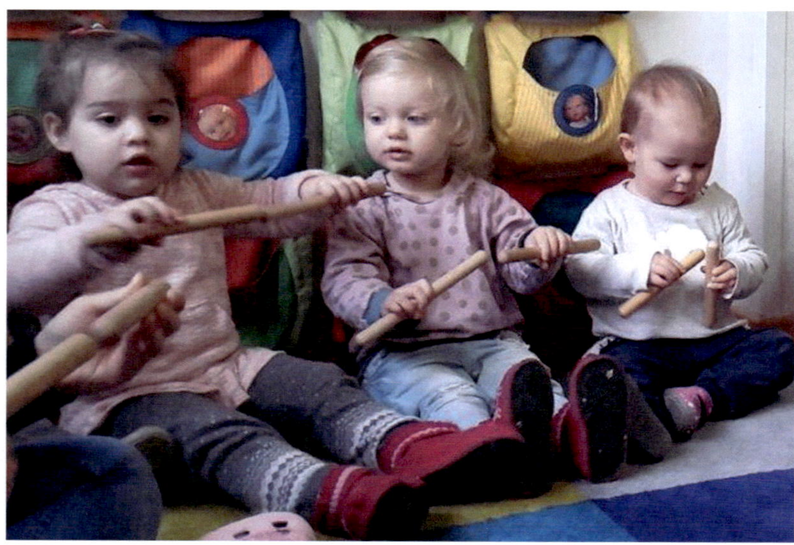

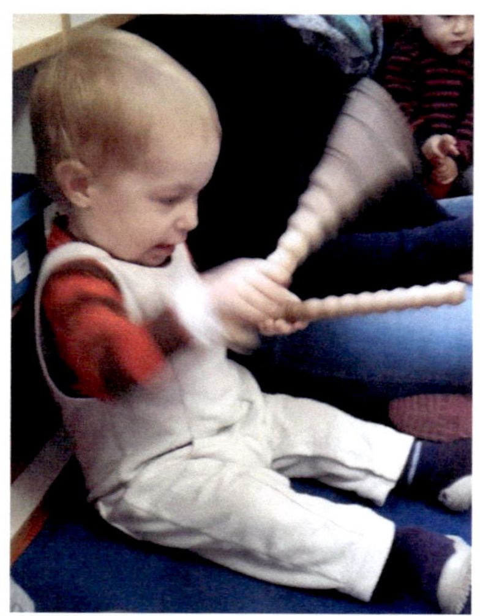

Kleinkinder machen ihre eigenen Erfahrungen, stellen ihre Fähigkeiten durch Ausprobieren unter Beweis und erzeugen selbst Musik. Sie klatschen in die Hände, hören Geräusche und Töne und spielen mit ihrer Sprachmelodie. Die Musik ermöglicht ihnen, sich bereits in diesem frühen Alter ohne Spracherwerb mitzuteilen. Wichtig ist dabei, dass in der musikalischen Frühförderarbeit auf diese ersten Aktionen des Kleinkindes reagiert wird: mit Mimik, Gestik, Sprache, Berührung oder auch mit einem Geräusch. In altersgerechten Kleingruppen ist dies am besten möglich.

Beispiel aus der Praxis: Beim Schmetterlingsliedtanz ist z.B. das Aufstehen und Drehen für die Kleinsten selbstständig noch nicht möglich. Einer der Jüngsten wedelt jedoch ganz aufgeregt mit seinen Händchen in der Luft. Eine der anwesenden Erzieherinnen hilft ihm auf und hält ihn fest. Der Kleine juchzt, da er jetzt mit den anderen

Kindern wie ein Schmetterling mitfliegen kann. Beim nächsten Mal motiviert ihn das gleiche Lied dazu, das Aufstehen aus eigener Kraft zu versuchen. Der Junge möchte so gerne auch ein Schmetterling sein und sich zur Musik drehen. Bald schafft er es, alleine zu stehen. Nun ist das Drehen die nächste Herausforderung ... In jeder Musikstunde flattert er als Schmetterling einen kleinen Schritt und einen kleinen Kreis weiter. Ganz von selbst kommen dabei auch Töne über die Lippen und ein erstes *„Lalala"*, *„Dududu "*oder *„Bababa"* begleitet das Lied.

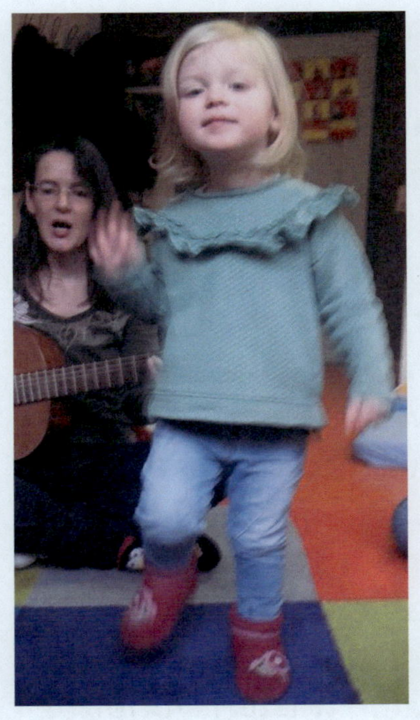

Auf diese Weise erfahren Kinder, dass sie etwas durch selbsterzeugte Töne aus ihrem Mund, mit ihren Händen, mittels zweier Klanghölzer oder einer kleinen Rassel erschaffen können. Die ständige Aufnahme und Verarbeitung von Reizen können das Kind sehr beanspruchen. Daher sind meditative Phasen, durch ruhige Musik erzeugt, eine gute Möglichkeit, das Kind in Entspannung zu versetzen. Dadurch verarbeitet das Gehirn die aufgenommenen Erlebnisse leichter und schafft Platz für neue Stimulationen.

Musikalische Aktivitäten können für Kinder auch ein Ventil zum Stressabbau oder zum Abbau von Frustrationen sein, insbesondere dann, wenn sie mit körperlicher Bewegung verbunden werden.

Beispiel aus der Praxis: Ein etwa einjähriger Junge ist während der Musikstunden oft besonders aufgeregt, laut und unruhig. Er möchte immer der Erste sein, ist ungeduldig und wirft auch einmal ein Instrument weg, wenn er nicht gleich Beachtung findet. Eine kleine Kinderbongo hilft ihm zu Beginn der Musikstunde, die innere Anspannung aus sich herauszutrommeln. Auch ein Start mit einem rhythmischen Lied, bei dem kräftig dazu geklatscht oder auf den Boden gestampft wird, bringt das Kind in eine entspanntere Verfassung.

Das angeborene Bedürfnis der Kinder nach rhythmischer Bewegung und Wiederholung ist in jeder Musikstunde wahrzunehmen. Dieses Bedürfnis ist tief in ihrer Natur verwurzelt. Es wird vom Musiker, Autor und Neurowissenschaftler Daniel J. Levitin als *„Musikinstinkt"*[15] bezeichnet.

In den ersten Lebensjahren der Kinder kommt es oftmals zu Irritationen seitens der Eltern oder der ErzieherInnen, wenn diese mit Kindern gemeinsam singen, da sich der Gesang der Kinder manchmal ein wenig „schief" anhört. Eine Erklärung findet sich in einer Studie mit Kindern im Alter von drei bis vier Jahren bei Manfred Spitzer. Er beschreibt, dass sich *„das Gefühl für ein tonales Zentrum, also dafür, wie sich Töne zueinander verhalten, erst mit fünf oder sechs Jahren entwickelt. Davor springen singende Kinder nicht selten mehrfach zwischen verschiedenen Tonarten hin und her."*[16]

Beispiel aus der Praxis: Bei dem Begrüßungslied *„Halli-Hallo, herzlich willkommen! Halli-Hallo, jetzt geht es los!"* erschallen bei den Unter-Dreijährigen die unterschiedlichsten Töne. Wenn sie einmal so weit sind, Klänge während des Singens mit ihrem kleinen Mund zu erzeugen, ist dies bereits ein großer Fortschritt. Oftmals kann man zuerst am deutlichsten das *„Halli-Hallo"* verstehen. Ein klares *„Herzlich willkommen"* hört man dann von den Vierjährigen.

Die musikalische Arbeit mit den Kleinsten kann z.B. mit Rasseln unterstützt werden, die die Kinderhändchen schon gut greifen können. Sie sind teils mit Reis, teils mit Linsen oder dicken Bohnen gefüllt, so dass einige recht laut, andere ganz leise klingen. Manche Kinder greifen beim Hören eines Liedes direkt nach den lautesten Rasseln, andere wollen gar keine haben und erst einmal zuschauen, wie sich die Liedbegleitung mit den neuen Instrumenten anfühlt. Es ist spannend, wie sich die Kinder mit der Zeit die neuen Rasseln immer mehr erobern. Mit einer Handpuppe, z.B. der o.g. Katze, die die Kleinen sehr mögen, kann die Musikpädagogin jedes Mal eine andere Rassel vorstellen, was die zurückhaltenden Kinder meist sehr motoviert, die Rasseln selbst in die Hand zu nehmen, wenn die Katze sie zuvor gezeigt hat und sie ihnen daraufhin liebevoll übergibt.

Mit etwa zwei Jahren reagieren Kinder spürbar aktiver auf Musik. Bei manchen sieht man das

Köpfchen mitnicken und die Knie wippen. Oft erfasst die Musik den kleinen Körper von Kopf bis Fuß. Es gehört mit zu den schönsten Momenten, wenn ein Kind spontan aufsteht und mit ersten Tanzversuchen sich zur Melodie drehen oder mittapsen möchte, selbst wenn das Laufen noch nicht sicher klappt. Erste Ansätze vom korrekten Nachsingen von Tönen und Melodien sind jetzt vorhanden. Mehr noch sind die meisten Zweijährigen jedoch mit dem Zuhören beschäftigt.

Erst mit etwa drei Jahren singen Kinder einfache Lieder nach. Sie achten dabei mehr auf den Rhythmus als auf die Intonation. Mit im Schwung der Melodieführung zu bleiben, äußert sich zumeist weiterhin körperlich. Was nun deutlich verstärkt wird, ist die Lust auf Wiederholung, immer und immer wieder. Auch beginnt spätestens jetzt die motorische Fähigkeit, Lieder mit Händeklatschen oder Fußstampfen möglichst durchgängig zu begleiten.

Der amerikanische Violinist und Dirigent Yehudi Menuhin sagte einst: *„Das Singen ist die eigentliche Muttersprache aller Menschen: denn sie ist die natürlichste und einfachste Weise, in der wir ungeteilt da sind und uns ganz mitteilen können - mit all unseren Erfahrungen und Hoffnungen."*[17] Ja, es ist berührend, wenn Kinder erstmals versuchen zu singen oder wenn sie nach und nach Melodien oder Lieder erlernen. Oft lässt sich beobachten, wie sie nach den musikalischen Einheiten selbst weiter mit ihrer

Stimme spielen, indem sie vor sich hinsingen und melodiöser sprechen.

Bei den Dreijährigen werden Lieder und somit auch das Singen zunehmend wichtiger. Wer singt, setzt alles im Körper in Bewegung. Die ganze Person (per-sonare, lat. durchklingen) ist durch die eigene ganz individuelle Stimme charakterisiert und geprägt. Unser Körper ist das Instrument beim Singen. Dabei ist der ganze kleine Körper beteiligt und schwingt vom Scheitel bis zur Sohle. Es ist die Aufgabe der musikalischen Frühförderung, die Stimme, das Instrument, das wir immer bei uns haben, das uns das ganze Leben über begleitet, im Laufe der Jahre zum Klingen zu bringen. Jedes Kind singt von Natur aus gerne, probiert seine Stimme aus und trällert, während es malt, bastelt, hüpft und spielt. Bevor ein Kind jedoch selbst vollständige Lieder singt, muss es förmlich in Melodien, Refrain-Wiederholungen, Liedgeschichten und Sprache gebadet haben. Denn Musik ist immer eng an positive Emotionen gebunden. So ist es wichtig, die Kinder in den Musikstunden in die „richtige Stimmung" zu versetzen. Das Sich-aufeinander-Einschwingen ist ein wichtiger Schlüssel zu Beginn einer jeden Einheit.

Beispiel aus der Praxis: Mit der Triangel z.B. gelingt dies besonders gut. Wenn die Kinderhändchen erst einmal gelernt haben, diese anzuschlagen, wird sie zum beliebtesten Instrument. Ihren Klang mit dem eigenen Namen zu verbinden (sobald die Kinder ihren Namen sprechen können), ist besonders reizvoll. Allein der helle und langanhaltende Ton einer Triangel, sei sie noch so klein, ruft in den Jüngsten eine lauschende staunende Reaktion hervor. Wenn dieser Ton dann auch noch durch die eigene Handbewegung erzeugt wird, ist das sensationell. Die strahlende Erkenntnis, selbst und ohne fremde Hilfe Musik machen zu können, ist geheimnisvoll und wirkt geradezu anziehend. Dieses zauberhafte Mitschwingen ist das Schönste bei der Arbeit mit den Kleinsten und sollte so lange wie möglich erhalten werden.

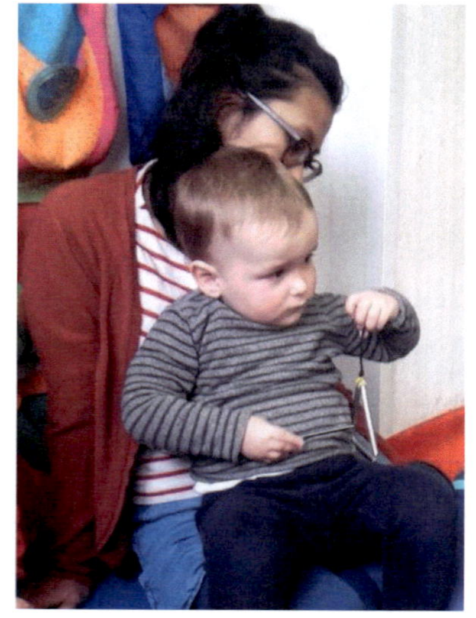

Mit der Stimme wird viel Gefühl transportiert. Wenn die Musikpädagogin selbst ein Lied als ansprechend empfindet und sie es gerne singt, springt der Funke auch auf die Kinder über. Die eigene Freude an einem Lied weckt die Begeisterung bei den Kleinen. Wenn uns eine Melodie gefällt, uns ein Rhythmus mitreißt, singen und bewegen wir Erwachsene uns gerne mit. Den Kindern geht es genauso. Diese Begeisterung am oder besser beim Singen gilt es, in ihnen zu wecken, zu fördern und zu erhalten. Alle Mädchen und Jungen haben von Natur aus großen Spaß am Singen – auch die, die es noch nicht so gut können –, vor allem wenn alle Sinne einbezogen werden. Bei den Jüngsten ist schon zu beobachten, dass Singen ein Grundbedürfnis darstellt und eine elementare Ausdrucksmöglichkeit für Körper, Seele und Geist ist. Wenn wir singen, öffnen wir uns ganz, da die Stimme und ihr Klang authentisch von der inneren Befindlichkeit tönt. Wenn Kinder Vertrauen empfinden und sich angenommen fühlen, geben auch sie sich ganz dem Singen hin. So ist das gemeinsame Singen von Liedern jedes Mal ein Ausdruck dieses Miteinander-Wohlfühlens und jede Kritik an der Stimme (etwa durch Auslachen oder Ohren-Zuhalten) wird sehr leicht als Ablehnung der ganzen Person empfunden. Kritik und Beurteilung sind deshalb in den Musikstunden unangebracht. Der Fokus wird darauf gerichtet, die Lust am Singen zu stärken. Wenn die Bezugspersonen (Pädagogen, beste Freundin, bester Freund, Geschwister, Mama oder Papa) gerne frei heraus singen, werden auch die Kinder dies schon bald begeistert tun. Einfache Volksweisen, wie z.B. *Kuckuck, kuckuck, ruft's aus dem Wald*, eignen sich dafür bestens.

Beispiel aus der Praxis: Mit der Röhrentrommel aus Holz kann vieles vom oben Beschriebenen in den Musikstunden umgesetzt werden. Sie lässt sich auch von den Kleinsten schon einfach spielen, indem sie die Holzröhre mit einem Holzstab anklopfen. *„Ob in dem Loch der Röhre wohl der Specht wohnt? Klopfen wir doch einmal an." Tock, tock, tock. „Hallo? Ist jemand zuhause?"* Sofort schauen die Kinder der Reihe nach direkt nach dem Anschlagen in den Hohlraum der Röhrentrommel. Es folgen die unterschiedlichsten Antworten oder manchmal auch nur ein Lachen. Meistens jedoch ist der Specht ausgeflogen. Im „Krähennest" haben es sich die Kinder angewöhnt, dieses Instrument „den Specht" zu nennen. Natürlich klingt es auch täuschend ähnlich. Mit ihm kann man sich gut unterhalten, man kann mit ihm signalisieren, ob man fröhlich oder betrübt ist und über ganz einfache Taktfolgen seine Stimmung mitteilen. Später gibt es ein kleines Klang-Sprechgedicht dazu:

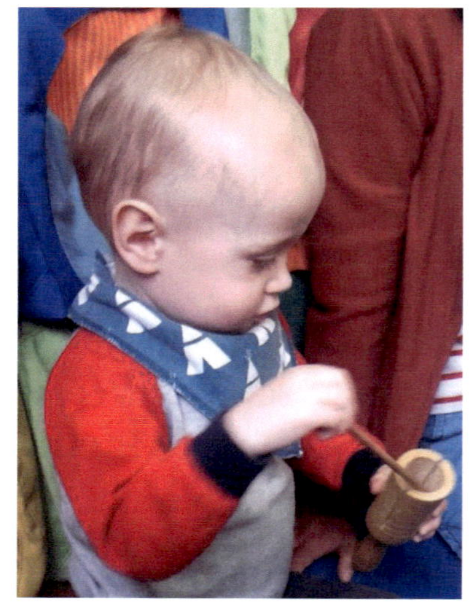

„Klopft der Specht, klopft im Wald.
Hörst Du ihn, siehst Du ihn bald."

Auch die Vorschulkinder nutzen die Röhrentrommel gern, um über den Rhythmus ihren Selbstausdruck zu unterstützen.

5.2 Musikalische Arbeit mit Kindern zwischen 4 und 5 Jahren

Das musische Spiel mit Rhythmus und Klang stellt ein lebendiges und kreatives Medium in den musikalischen Einheiten dieser Altersgruppe dar, bei dem die spielenden Kinder das Lernen nicht als anstrengend empfinden. Es macht Freude mitzuerleben, wie sie die im Lied geforderten Bewegungen oder Abläufe aus sich selbst heraus entfalten und sie einem inneren Impuls folgend lustvoll umsetzen. Für die Kinder ist Musik ein hingebungsvolles Agieren - mit und ohne Instrumente - in vielfältigster Form. Die Kinder entwickeln sich durch reine Selbstbetätigung, die je nach Kind, Stimmung und Tagesform individuell immer unterschiedlich ausfällt. Bei älteren Kleinkindern kann dieser Prozess verstärkt werden, indem sie angeregt werden, vereinfachte Klanggeschichten mit Musik zu unterlegen; diese werden mehrfach wiederholt und immer wieder neu gespielt.

Beispiel aus der Praxis: An einer einfachen Klanggeschichte, bei der man ein Gewitter nachahmt, vom ersten Windhauch, über Regentropfen bis hin zu Blitz, Donner und einem abschließenden Regenbogen, haben die Kinder in diesem Alter viel Freude. Kleinere Kinder würden sich noch fürchten. Jetzt aber wird mit Hingabe die Steigerung von Geschwindigkeit und Lautstärke vollzogen. Dass nach dem lauten Trampeln der Füße und schnellen Klatschen der Hände die Klanggeschichte sanft endet, ist eine besondere Übung. Wenn die Arme und Finger der Kinder zum Schluss fast andächtig den Regenbogen sanft hoch in die Luft malen, ist es danach einen Moment lang ganz still.

Auch das freiwillige Vorspielen vor der Gruppe, eventuell auch selbst ausgedachter oder gerade gefühlter Melodien mit einem Instrument, wirkt sich positiv auf das Selbstvertrauen der Kinder aus. In vielen Morgenkreisen von Kindergärten hat das Begrüßungslied schon Einzug gefunden. Dies ist eine gute Gelegenheit, jedes Kind persönlich zu begrüßen, so dass es sich als Mensch individuell angenommen und gleichzeitig als Teil der Gruppe fühlt. Musik berührt eben auch unser Gemüt.

Beispiel aus der Praxis: Regelmäßig wiederkehrend wird ein kleiner gelber Ball zu einem besonderen Begrüßungslied eingesetzt. Dabei rollt der Ball von einem Kind zum anderen. So erhält jedes Mädchen und jeder Junge in der Gruppe eine ganze Strophe lang die alleinige Aufmerksamkeit. Das ist für manche Kinder nicht einfach. Sie möchten nicht im Mittelpunkt stehen und gewöhnen sich erst langsam daran, dass dieses Spiel auch Spaß machen kann und ihnen dabei nichts passiert. Andere genießen es förmlich und wollen gleich mehrfach drankommen. Die Kinder singen dabei: *„Paul hat einen Ball, einen sonnengelben Ball, Paul hat einen Ball, einen sonnengelben Ball."* Währenddessen rollt Paul den Ball mit der Zeigefingerspitze vor sich hin und her. Dann singt Paul: *„Hallo Anne, ich rolle ihn zu dir."* Dabei rollt er den Ball zu Anne und mit ihr beginnt die neue Strophe. Wenn alle Kinder ihre Scheu verloren haben, wird dies zu einem sehr gern gesungenen Start in die Musikrunde.

Kinder erleben Musik sehr sinnenhaft. Wie fasziniert die Mädchen und Jungen sind, wenn man ihnen ein Instrument vorspielt, wenn sie sehen und fühlen, wie ein Ton entsteht, wie man diesen verändern oder wie man alle möglichen Gefühle, Stimmungen, ja ganze Abenteuer darstellen kann, dies lässt sich jeden Tag in der musikalischen Früherziehung beobachten. Vor allem folgende Methoden und Spielformen werden regelmäßig angewandt:

- Lieder und Reime werden mit grob- und feinmotorischen Bewegungen untermalt, mal bewegt z.B. die Musikpädagogin oder ein Kind allein die Hände, mal zu zweit oder man tanzt auch gemeinsam in der Gruppe
- zur Musik passende verschiedene Fortbewegungsarten, entweder vorgegeben durch den Text oder von den Kindern selbst erfunden
- feines Hinhören bei Sprachspielen, die den Klang von Worten, Namen, Tierlauten, Naturgeräuschen, lange und kurze Laute, etc. in den Mittelpunkt rücken
- sensomotorische Wahrnehmungsspiele, die eine Reaktion auf bestimmte Musikarten, z.B. laut, leise, schnell und langsam erfordern
- Musikspiele mit viel Bewegung (Hüpfen, Klatschen, Trommeln, Sich-Drehen, Krabbeln, Nachahmung von Tieren oder Fahrzeugen)
- Instrumentalspiel auf den elementaren Rhythmusinstrumenten (Orff´sche Instrumente). Darauf folgt oftmals eine Experimentierphase mit Materialien und Instrumenten: Wie klingt Holz auf Holz, wie das Metall von Glöckchen oder Triangeln? Warum klingen manche Instrumente höher, warum manche tiefer?
- Stillere Phasen mit Entspannung und Ruhe durch leise gespielte oder gesungene Lieder, phantasieanregende Klänge oder klassische Musik, die verträumte Momente erzeugt
- Darstellendes Spiel zu Liedern, die sich reimen oder spannende Geschichte bzw. Abenteuer erzählen
- Freie Improvisation mit Instrumenten, Tanz- und Bewegungsformen

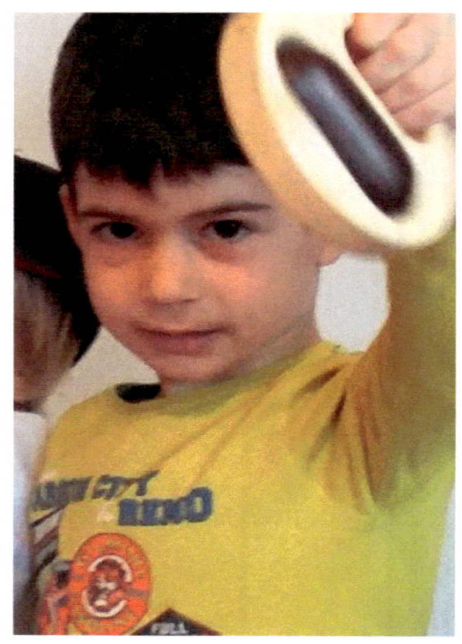

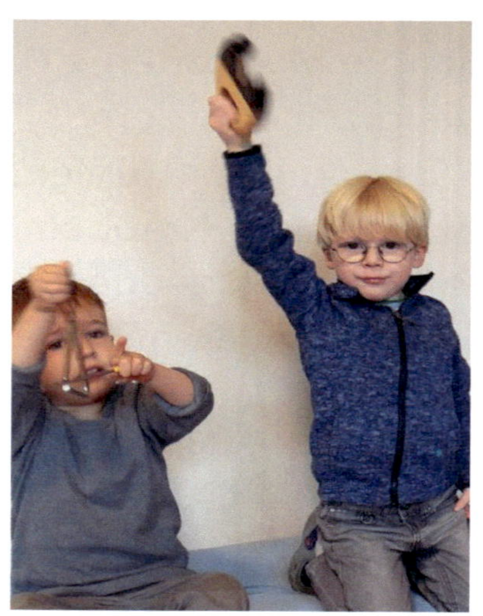

Beispiel aus der Praxis: Im Lied vom *kleinen Käfer* (Text und Melodie von Johanna Niegl) können die Kinder viele dieser Spielformen erleben. Einmal verinnerlicht, lieben sie die Abfolge der unterschiedlichen Liedbegleitung durch ihre eigene Darstellung. Die Kinder sitzen zunächst alle als kleine Käferchen auf dem Boden und setzen die fünf Strophen, während sie mitsingen, in Bewegung um. Zunächst knabbert jeder Käfer pantomimisch an seinem Blatt. Wenn in der nächsten Strophe ein Regenschauer kommt, schützt er sich vor den Tropfen, krabbelt unter das Blatt und nutzt dieses als Schirm. Schließlich kommt ein Sturmwind und bläst die Käfer herunter, so dass alle auf dem Rücken landen. Die Kinder strampeln mit den Beinchen in der Luft. Schließlich werden die Käfer von einem Kind entdeckt und behutsam umgedreht. Nun können sie wieder losfliegen und sich summend und brummend auf ein neues Blatt setzen. Danach kann man in eine zweite Liedrunde starten.

An diesem Beispiel kann man gut erkennen, dass rhythmische Spielformen eine Kombination aus verschiedenen Methoden, Interaktionsformen und Modalitäten mit Musik, Sprache und Bewegung sind. Sie regen auf spielerische Weise die taktil-kinästhetische (tastende), die propriozeptive (Tiefensensibilität), die auditive (hörende) und die visuelle (sehende) Wahrnehmung an. Außerdem fördert diese Liedform die sensorische Integration aller Sinne und dadurch wiederum die Sprach- und Persönlichkeitsentwicklung.

Bei der Klangerforschung werden zu Beginn einer Musikstunde mit den Kindern auch folgende Fragen behandelt:

- *„Wie gelingen leise Töne?"* Gerade beim Umgang mit einer Triangel ist es nicht leicht, sie so sanft anzuschlagen, dass ihr Klang nicht zu durchdringend wird.
- *„Wie spielt man laute Töne? Was muss dazu verändert werden?"* Beim Musizieren z.B. mit Klanghölzern, gibt es unterschiedliche Haltungen und Klopftechniken, um sie besonders laut werden zu lassen.
- Beim gemeinsamen Überlegen *„Was alles Musik machen kann"* wird die Liste immer länger und neue Fragen tauchten bei den Kindern ganz automatisch auf, z.B.: *„Gibt es etwas, was keine Musik macht?"*
- *„Vergleiche diese beiden Klänge miteinander: Wie klingen sie? Wo ist der Unterschied?"* Die tonerzeugenden Gegenstände zu sortieren, macht den Kindern oft besonderen Spaß. Beispielsweise das Ordnen nach eher laut, eher leise klingenden Instrumenten oder nach dem Material: Holz, Metall oder beides.

Beispiel aus der Praxis: Ein sehr altes Kinderspiel[18], welches früher oft an Kindergeburtstagen zum Einsatz kam, eignet sich ausgezeichnet für die musikalische Frühförderung: Die Kinder stehen im Kreis und blicken in die Mitte. Hinter ihrem Rücken wird ein Glöckchen weitergereicht. Das Glöckchen wird so gehalten, dass es frei in der Luft schwebt und läuten kann. Ein Kind steht in der Mitte des Kreises. Es soll erraten, bei wem sich das Glöckchen gerade befindet. Um das beobachtende Kind zu täuschen, ahmen alle Kinder ständig das Herumgeben nach. Nur das Läuten des Glöckchens kann seinen augenblicklichen Besitzer verraten. Nennt das Kind in der Mitte den Namen, bei dem es das Glöckchen vermutet, muss dieses sofort seine Hände nach vorne zeigen. Hat es das Glöckchen in der Hand, darf es beim nächsten Spiel raten und sich in die Mitte stellen. War es nicht in der Hand des Kindes, geht das Spiel weiter.

Es ist schön zu sehen, wie konzentriert und mit weit offenen Öhrchen die Mädchen und Jungen bei diesem Kreisspiel hinhören und auch das ganz behutsame möglichst leise Weitergeben des Glöckchens lernen.

Mit ungefähr vier Jahren beginnen Kinder, regelrecht mit Musik zu arbeiten. Sie können nun schon länger einzelnen Musikstücken lauschen. Beim Wahrnehmen von Musik halten sie bewusst inne und die gehörten Liedtexte oder Melodien werden in ihr aktuelles Spiel, z. B. Rollenspiel, eingebaut. Viele Kinder reagieren, indem sie spontan anfangen mitzusingen.

Beispiel aus der Praxis: Morgens, beim Vorbereiten der „Trauminsel" für die Musikrunde, befinden sich dort oft schon Kinder und hören

Musik von einer CD. Lieder oder auch kleine Reime, die darin vorkommen, werden intensiv aufgenommen und wir singen sie noch zusammen weiter, während die CD schon ausgeschaltet ist und der Raum hergerichtet wird. Manchmal begrüßen mich die Kinder auch mit dem *„Halli-Hallo"*-Lied aus der Eingangsrunde oder einem anderen Lied, das ihnen aus der Woche davor noch im Gedächtnis geblieben ist. Auch dieses wird beim gemeinsamen Vorbereiten, bei dem manche Kinder gerne helfen möchten, geträllert.

Beispiel aus der Praxis: Wenn ein Kind Geburtstag hat, wird im „Krähennest" extra eine besondere Krone aus Pappe gebastelt, auf der neben schönen Verzierungen der Name des Kindes und das Alter stehen. So entgeht niemandem, dass in der Musikstunde diesem Kind zwei Lieder gewidmet werden: Bei dem Geburtstagslied *Kräht der Hahn früh am Morgen* (traditionell, Text angelehnt an das Gedicht von Paula Dehmel) können alle Kinder eine Rolle übernehmen und dem Geburtstagskind (als Hahn, als Häschen, als Kuchen, als Eichhörnchen etc.) in einer der Strophen gratulieren. Es ist immer wieder berührend zu sehen, mit wie viel Hingabe die Kinder dieses Ständchen darbringen und alle ein kleines Fest feiern. Zudem hat das Geburtstagskind einen Liedwunsch frei. Einige grübeln lange und können sich nicht entscheiden, andere wissen direkt, welches Lied sie singen möchten. Dieses Lied ist oft auch eines der Lieblingslieder von anderen Kindern der Gruppe. Dazu werden dann die elementaren Rhythmusinstrumente aus der Kiste zur Begleitung hervorgeholt. Das Geburtstagskind ist als erstes an der Reihe, sich ein Instrument auszusuchen (meistens wird in diesem Alter zur Triangel gegriffen). Über die Jahre ist dieses Vorgehen zu einer Tradition geworden. Die Kinder, die gerade Geburtstag haben, fordern ihre kleine musikalische Feier innerhalb der Gruppe nachdrücklich ein und genießen die ihnen zuteilwerdende Zuwendung.

Die erhöhte Fähigkeit, sich ab etwa 4 Jahren länger konzentrieren zu können und sich dadurch mehr Möglichkeiten – auch in der Musik – zu erschließen, kann durch folgendes Spiel besonders gefördert werden:

Beispiel aus der Praxis: Alle sitzen im Stuhlkreis. Die Kinder stellen ein Orchester bei der Probe dar. Sie summen, pfeifen, klatschen in die Hände oder trampeln leise mit den Füßen. Der Dirigent, zuerst die Musikpädagogin, später dann auch ein Kind aus der Gruppe, gibt mit der Hand ein Zeichen. Je nachdem, ob der Dirigent die Hand hochhebt oder ganz tief unten hält, werden die Geräusche lauter oder leiser. Vor Spielbeginn wird noch ein Zeichen für Stille mit den Kindern vereinbart. Nach einer gewissen Zeit kann die Dirigentenrolle gewechselt werden. Manchmal dient auch ein Einhandglöckchen, ein Trommelschlägel oder ein großes Klangholz als Taktstock.

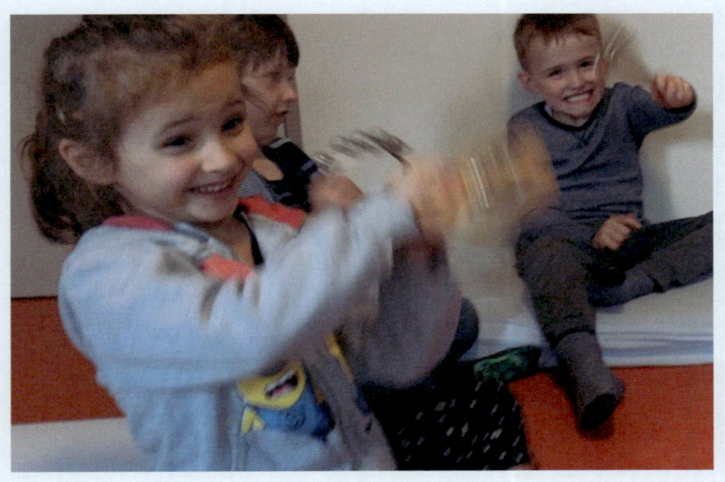

Dieses Spiel muss zwar mit viel Geduld erklärt und intensiv geübt werden, bevor es von allen Kindern richtig umgesetzt werden kann, doch es begeistert die Kinder von Beginn an, auch wenn es immer wieder aufs Neue eine große Herausforderung darstellt.

5.3 Musikalische Arbeit mit den Vorschulkindern

Bei den ältesten Kindern im „Krähennest" werden musikalische Aktionen, die mehr das Mitmachen, Vorführen und den körperlichen Einsatz beinhalten, immer wichtiger. Die Vorschulkinder bevorzugen vor allem Bewegung zur Musik. Und auch weiterhin ist die gemeinsame Liedbegleitung in jeder Einheit mit dabei. Die beliebtesten Instrumente sind in dieser Altersgruppe erfahrungsgemäß die Trommel oder Rahmentrommel, Klanghölzer und Rasseln, Triangel und Schellenkranz oder -stab. Dies ändert sich mit fortschreitendem Alter nicht wesentlich. Auch die Gitarre wird sehr geliebt.

Beispiel aus der Praxis: Manchmal wird ein sogenannter „Rundlauf" bei einem Lied mit vielen Strophen veranstaltet. Jedes Kind darf eine Strophe (oder den Refrain) lang mit dem Plektrum auf der Gitarre den Rhythmus schlagen, während die anderen Kinder mitsingen. Ich greife weiterhin die Akkorde, so dass es immer richtig klingt. Das jeweilige Gitarrenkind lernt mit jedem Mal besser, wie man das Plektrum hält, wie der beste Druck auf die Saiten ausgeübt wird und welche Geschwindigkeit beim Entlangstreichen die passende ist. Bei jedem Kind klingt es etwas anders, da alle ihren ganz eigenen Stil finden.

Gemeinsames Musizieren in einer Gruppe erfordert, dass jedes einzelne Kind lernen muss, sich innerhalb eines Liedablaufes zu integrieren, auf die anderen zu achten und wörtlich auf diese zu hören. Im Idealfall sieht es sich als festes Gruppenmitglied und erfährt hierdurch ein Zusammengehörigkeitsgefühl. Die meisten Kinder lernen, die Initiative in der Musikgruppe zu ergreifen und somit ansatzweise auch eine Gruppe zu führen. Der Zusammenklang wird gestärkt und insbesondere das Aufeinander-Hören. So trägt aktives Musizieren zum Aufbau sozialer Kompetenzen bei. Die gegenseitige Anerkennung drückt sich durch eine Geste, ein Anlachen, Klatschen oder ein direkt ausgesprochenes Lob aus. Je besser die Kinder aufeinander eingespielt sind, umso toleranter und respektvoller gehen sie miteinander um. Unstimmigkeiten und Streit werden schneller und kreativer gelöst. Antipathien untereinander verschwinden.

Gemeinsames Musizieren pflegt alle zwischenmenschlichen Beziehungen. Die Vorschulkinder gewinnen durch das langjährige und vertraute Miteinander-Musizieren an Selbstvertrauen und Selbstsicherheit. Kinder, die in den ersten

Jahren sich durch Schüchternheit oder wildes, lautes Verhalten immer wieder von der Gruppe entfernen oder ausgrenzen, verändern sich. Sie fühlen sich durch die musische Betätigung in der Gruppe sozial, emotional und mental integrierter.

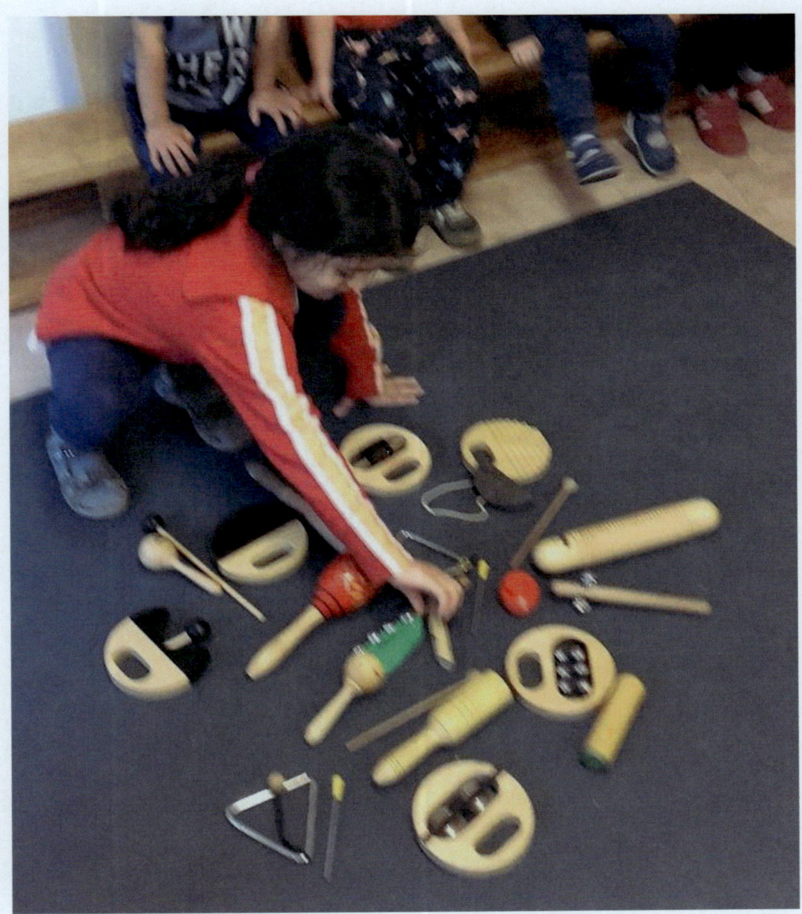

Beispiel aus der Praxis: Ein besonderes Augenmerk liegt bei den 5-Jährigen auf dem Konzert. Besonders beliebt ist es, wenn der eigene Körper als Musikinstrument dient. Welche Geräusche können die Kinder mit dem eigenen Körper, den Händen, den Füßen, dem Mund machen? Wenn die Musikeinheiten in der Turnhalle stattfinden, wird die lange Bank als Trommel benutzt und ganz unterschiedliche Konzertvariationen werden auf ihr dargeboten: Mal mit den Fingerspitzen, mal nur mit den Daumen, mal mit den Ellenbogen oder Fäusten klingt die Interpretation eines Liedes immer anders.

Beispiel aus der Praxis: Nach wie vor werden die Vivaldi-Konzerte zu jeder Jahreszeit angehört. Dabei werden auch die verschiedenen Instrumente nacheinander vorgestellt. Die Kinder lernen beim Hinhören, mit pantomimischem Spiel oder bei der Bildbetrachtung die Unterschiedlichkeit von Trompete und Klarinette, Trommel und Pauke, Geige und Kontrabass herauszufinden. Immer wieder wünschen sie sich das Orchesterspiel, bei dem nacheinander alle Instrumente besungen und nachgeahmt werden, bis schließlich das Publikum sie mit donnerndem Applaus belohnt und viele Verbeugungen folgen. Die Jungen und Mädchen ahmen mit viel Freude die Instrumente im Lied nach und werden so Teil eines großen Orchesters.

Beispiel aus der Praxis: Einige Spiele und Lieder eigenen sich gut zum Vermitteln von Verständnis dafür, wie ein Konzert abläuft und was dabei alles nötig ist: Dann dürfen sich alle Kinder z.B. als Lautmusiker wie in einem Chor betätigen. Jedes Kind bekommt ein bestimmtes Geräusch, ein Instrument oder einen Ton zugeordnet. Besonders beliebt ist dabei die

Rolle des Dirigenten, der das jeweilige Instrument oder den Laut vorgibt, während die anderen Kinder darauf achten, wann es einen Wechsel gibt. Dieser wird vom Dirigenten- oder Chorleiterkind bestimmt. Es entscheidet auch, wann welches Instrument oder Geräusch einsetzt und wieder aufhört. So entsteht ein vollständiges „Orchesterstück", mal mehr mal weniger lang, je nachdem, wie es das Dirigentenkind vorgibt. Das Aufeinander-Achten, Reagieren und Zusammenwirken, das für alle Musiker in einem Konzert wichtig ist, wird dabei verinnerlicht.

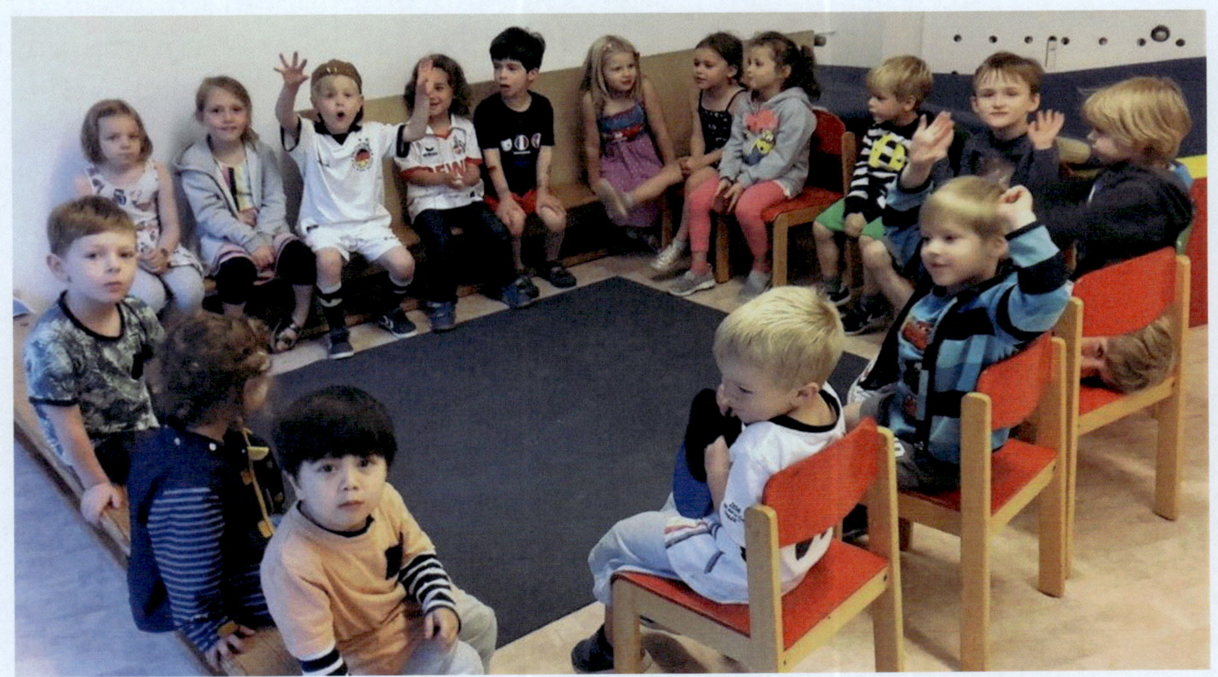

Beispiel aus der Praxis: Märchen oder Geschichten in musische Bewegung umzusetzen, mögen die Kinder in diesem Alter ebenfalls sehr gern. Zum Beispiel wird von einer Igelfamilie erzählt und dabei mit den Kindern besprochen, was Igel so alles den Tag über und während eines Jahres machen. Sie rollen sich ein und aus, sie laufen schnell und nach dem Genuss eines Apfels oder einer Schnecke auch etwas langsamer. Mit der Gitarre werden die Aktivitäten untermalt und unterschiedliche Klänge zum Krabbeln, Ein- und Ausrollen der Igel erfunden. Die Kinder reagieren mit entsprechenden Bewegungen auf die gespielte Musik. Dadurch werden nicht nur die Hör- und Körperwahrnehmung gefördert, sondern auch die Nutzung des gesamten Raumes in der Turnhalle, die Bewegungsphantasie und emotionale Intelligenz. Jedes Kind steht immer wieder vor neuen Entscheidungen: Wie bewege ich mich – wie bewegen sich die anderen Kinder im Raum? Mit jeder neuen Geschichte werden sie freier, mutiger und kreativer.

Auch das einfache Rückwärtsgehen zu einem Lied oder einer Bewegungsmusik ist für Vorschulkinder von Bedeutung. In wissenschaftlichen Untersuchungen wurde nachgewiesen, dass es einen unmittelbaren Zusammenhang zwischen dem Lernen von Minusrechnen und dem Rückwärtsgehen im Raum gibt. Forscher der Universität Helsinki nehmen an, dass durch die Förderung der Hördifferenzierung und der rhythmisierten Sprache in Liedern und musischen Reimen einer Legasthenie vorgebeugt werden kann.[19] Rückwärtshopsen, Rückwärtskrabbeln, einen Purzelbaum rückwärts vollziehen, sind Varianten, die diesen Nutzen verstärken. Besonders Kinder, die sehr bewegungsorientiert sind, können sich hierbei ausleben und zeigen, was sie können. Die Musik dient dabei als Rahmen und Taktgeber. Am Ende führt sie alle Mädchen und Jungen, die sich vorher frei im Raum rückwärts fortbewegt und verteilt haben, wieder in einem Kreis zusammen.

Die Kinder dieser Altersgruppe lernen in den Musikstunden auch, dass durch das Zusammenspiel von Bewegung und konzentrierterer Wahrnehmung eine Art Musik erzeugt werden kann. Denn wenn wir uns bewegen, entstehen ganz von allein immer Geräusche und Töne (z. B. das Rascheln von Kleidung, Schritte, Hopsen, Schlurfen, Händereiben, an Gegenständen entlangstreichen), manchmal kommen sogar Klänge dabei heraus. Etwa wenn ein Fuß an das Holz der Bank stupst oder ein Finger an den Heizkörper klopft. Musik selbst zu gestalten heißt also auch, sich zu bewegen und dabei Töne oder Rhythmen hervorzurufen. Vorschulkindern kann man genügend Bewegungsraum bieten, indem man sie auch mit den Instrumenten und sonstigen tonerzeugenden Gegenständen kreativ experimentieren lässt. Vertiefend werden sie mit Fragen begleitet, z.B.:

„Was bewegt sich alles beim Spielen des Instrumentes? Die Finger? Der Kopf?" – „Alles wackelt bei mir mit." – „Schau, ich bewege nur meine Zeigefinger!"

„Wie verändert sich der Klang, wenn Mia mit der Ratsche herumläuft?“ – „Es ist leiser, wenn Mia weiter weg ist.“ – „Nein, das ist der Hall.“ – „Nein, das ist wie das Echo.“ (Natürlich haben alle Recht!)

„Kannst du das Musikinstrument zum Spielen auf deinen Körper stellen?“ – „Ja, das ist aber kitzelig.“ – „Ich halte die Trommel an meinen Bauch und Toni trommelt – hahaha!“

„Wie fühlt sich das Musizieren im Körper an?“ – „Die Triangel zwitschert in den Ohren.“ – „Bei der Klapper will ich immer mit den Beinen mit.“

„Trommle einmal mit aller Kraft und dann wieder so leise wie möglich!“ – „Laut ist toll! Ich will nochmal.“ – „Wenn man leise trommelt, klingt das wie ein Pferd.“ – „Nein, wie Regentropfen!“ – „Oder Anklopfen vom Nikolaus.“

Beim Hören von Musik werden im Menschen innere Bilder und Gefühle angesprochen. Musik bewegt uns also innerlich. Vielen Menschen dient das Musizieren zum Ausdrücken ihrer Gefühle oder der momentanen Situation, zur Entspannung oder Entlastung. Kindern fällt dies viel leichter als Erwachsenen. Sie entdecken in Musik und auch schon in einzelnen Klängen vielerlei Geschichten und versteckte Botschaften. In der musikalischen Frühförderarbeit wird diese Fähigkeit aufgegriffen und Kindern Raum zur Entfaltung geschenkt. Innere Bilder, Gedanken und Ideen der Kinder werden bewegt.

Beispiel aus der Praxis: Die Musik in Vivaldis *Vier Jahreszeiten* unterstützt das innere Erleben der Kinder besonders. Zumeist ist das Hören klassischer Musik für Kinder in diesem Alter ungewohnt. Schrittweise werden sie in den Musikstunden an diese Art von Musik herangeführt. Fragen zu den verschiedenen Sätzen beantworten die Kinder ganz individuell. Hierbei gibt es kein Richtig oder Falsch; jede Aussage von einem Kind ist gültig.

Fragen und Aufgaben können z.B. sein:

- *„Was fällt dir ein, wenn du das hörst?"*
- *„Klingt es für dich traurig, nachdenklich, fröh lich …?"*
- *„Welche Personen, Gegenstände, Tiere fallen dir dazu ein?"*
- *„Lasst uns dazu eine Geschichte erzählen!"*
- *„Male das, was du hörst und fühlst, mit Farben auf ein Blatt Papier!"*

Durch das wiederholte Anhören tasten sich die Kinder an Vivaldis Musik langsam heran. Im gegenseitigen Austausch, mit Bewegung und Tanz kann schließlich jedes Kind sein eigenes Jahreszeiten-Konzertbild kreieren und seinem inneren Erleben Ausdruck verleihen.

Beispiel aus der Praxis: Eines der Lieblingsspiele der Vorschulkinder im „Krähennest" ist der Bienenflug, vor allem, weil beim Summen sich die Lippen mal mehr, mal weniger kitzelig anfühlen. Zuerst wird allen ein beliebiger Gegenstand (die Blume) gezeigt und dann im Raum versteckt. Ein Kind ist die Biene und muss diesen Gegenstand mit verbunden Augen suchen, und zwar nach einer bekannten Melodie, die von den anderen Kindern gesummt wird, entweder auf *„ssss"*, *„bssbssbss"* oder *„mmmmm"*. Wird leise getönt, so ist das Versteck weit weg vom suchenden Bienenkind. Je näher das Kind an die Blume herankommt, desto lauter wird gemeinsam gesummt, so lange, bis die Blume gefunden wird.

Diese Differenzierungsfähigkeit ist erst bei Kindern dieser Altersstufe möglich. Die Kinder können nun schon verschiedene Elemente der Musik wahrnehmen. Beispielsweise können sie mit etwas Übung den Takt schon richtig schlagen und eine Weile durchhalten. Auch klappt es immer besser, mit anderen Kindern auf den Orff-Instrumenten wirklich gemeinsam Musik, passend zu einem Lied zu spielen. Das bedeutet, z.B. bei Strophe und Refrain zu variieren oder nicht zu laut zu tönen, damit man noch den Liedtext versteht.

Beispiel aus der Praxis: Nach einem solch anspruchsvollen Spiel ist es wichtig, wieder freiere Spielformen anzubieten. Insbesondere die lebhaften Jungen brauchen häufigere Bewegungsphasen. Aber auch Mädchen wollen in diesem Alter viel laufen, hüpfen und springen, gerade nach konzentrierteren Phasen. Dann tanzen alle Kinder frei im Raum umher. Der Rhythmus kann mit dem Tamburin, der Handtrommel, der Gitarre, einer Flöte oder durch einfaches Klatschen vorgegeben werden. Auf ein Signal hin, z.B. ein bestimmtes Wort oder plötzliche Stille, bilden die Kinder blitzschnell einen Kreis. Diese Regel kann variiert werden, indem sich die Kinder auf bestimmte Signale oder Worte hin in Gruppen formieren. So können sie eine Kette bilden, sich zu zweit an den Händen halten oder in die Ecken der Turnhalle verteilen.

Kinder im Vorschulalter gehen, wie hier verdeutlicht werden sollte, schon sehr bewusst mit Musik um. Sie sind in diesem Alter besonders aufnahmefähig und wollen ein Instrument wirklich begreifen und lernen. Besonders gerne wollen die Kinder ihre Lieblingslieder singen und gleichzeitig zeigen, wie sie dabei die Melodien mit dem ganzen Körper in Bewegung umsetzen können. Zumeist gelingt es, damit auch den „hartnäckigsten kleinen Fußballer" für die Musikstunde zu begeistern.

Beispiel aus der Praxis: Das ist manchmal gar nicht so leicht, denn oftmals sind die Jungen im Innenhof des Kindergartens mit dem Fußball beschäftigt und so in ihr Spiel vertieft, dass die gerade angesetzte Musikeinheit gänzlich zur Nebensache wird. *„Wir wollen heute nicht mitmachen"*, erschallt es dann. Und: *„Musik brauchen wir nicht mehr, das ist doch was für die Mädchen."* Mit den oben beschrieben Musikspielen lassen sie sich zumeist zum Mitmachen motivieren. Wenn alles nicht hilft, wird eben der Ball mit in die Musik-

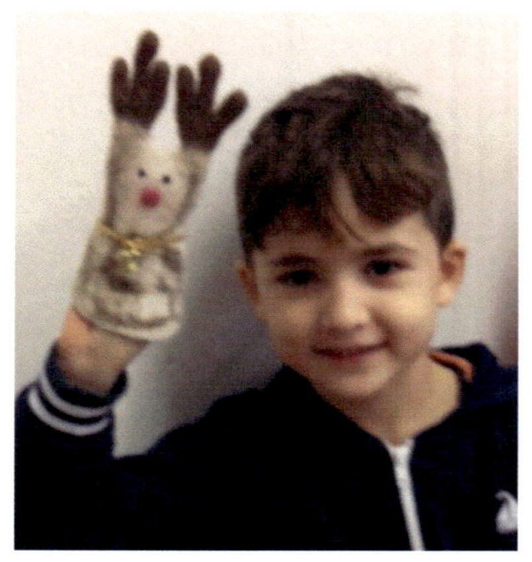

stunde genommen und mit ihm zunächst Musik gemacht. Sitzen die „Rabauken" dann erst einmal auf der Bank und die Gitarre wird hervorgeholt oder sie bekommen ein Instrument in die Hand, ist der Fußball dann erst einmal vergessen. Und wenn „Rudolf" mit dabei ist, sowieso.

6 Unvergessliche Momente

Die musikalische Arbeit im „Krähennest" wird alljährlich begleitet von besonders schönen Momenten, die nicht unbeachtet bleiben sollen: Da der Kindergarten „Krähennest", mitten in Köln gelegen, sich auch mit dem Karneval stark verbunden fühlt, wird das gesamte Team in jeder Saison mit einem ganz speziellen Thema aktiv. Es gibt einen kleineren Umzug, bei dem auch die Fröbel-Kindergärten von Köln teilnehmen können und den Wagen mitgestalten, sich dem gemeinsamen Motto entsprechend verkleiden und singen. Nicht wenige Kinder stimmen dann ganz klassische „kölsche" Karnevalslieder an und sind dabei überraschend textsicher. Besonders *Denn wenn et Trömmelche jeiht* von De Räuber oder *Mer losse d´r Dom en Kölle* von Bläck Fööss hört man in der sogenannten 5. Jahreszeit durch den Kindergarten schallen. In den musikalischen Frühförderstunden kann man bei solch bekannten und bereits positiv verstärkten Liedern sehr gut mit den Feinheiten der Liedbegleitung arbeiten, in dem man z.B. tatsächlich eine kleine Trommel einsetzt und auch mit Laut-leise-Abstufungen zwischen dem

Refrain und den Strophen die Aufmerksamkeit der Kinder lange erhält.

Es kommt vor, dass die Kinder im Laufe eines Kindergartenjahres von ErzieherInnen Abschied nehmen müssen, die wegen Verrentung, Abschluss der Ausbildung oder beruflicher Veränderung das „Krähennest" verlassen. Das Kollegium mit seinem stimmgewaltigen Leiter, Jan Mehrländer, den man oft trällernd durch die Kindergartenflure laufen hört, lässt es sich nicht nehmen, zu diesen Anlässen ein musikalisches Abschiedsständchen im Vorfeld mit den Kindern einzuüben. Meistens wird ein bereits bekanntes Lied dafür umgetextet und heimlich in den Musikgruppen mit den Kindern geprobt. Besonders die Größeren sind hier immer begeistert bei der Sache; man kann deutlich spüren, dass alle bei der Verabschiedung „ihres Erziehers" oder „ihrer Erzieherin" ihre Anerkennung und das Bedauern über den Weggang zum Ausdruck bringen wollen. Dazu eignen sich Lieder besonders gut. Oftmals erfinden die Kinder zu Refrain oder Strophen noch Bewegungen, die dabei helfen, sich den neuen Text zu merken und auch die Emotionen während der Darbietung unterstreichen sollen.

Bei der Hochzeit eines Erziehers versammelte sich ein Teil der Vorschulkinder aus dessen Gruppe mit den Eltern sogar vor dem Standesamt, um mit einem Lied dem „frisch gebackenen" Brautpaar fröhlich zu gratulieren. Dafür wurden Textkopien angefertigt und eine Aufnahme des Gesangs herumgeschickt, damit auch die Eltern zu Hause mit üben konnten. Es war eine gelungene Überraschung, wie der Erzieher danach berichtete.

Diese kleinen, oftmals gar nicht aufwendigen Sonderaktionen fördern den Zusammenhalt und die Begeisterung. Das Gemeinschaftserlebnis beim Singen, gerade auch mit Erwachsenen, dringt tief in das Bewusstsein der Kinder ein und sie erzählen mit leuchtenden Augen noch Wochen später davon.

7 Besondere Herausforderungen im „Corona-Jahr" 2020

Das dritte Projektjahr stand wesentlich unter dem Einfluss der Corona-Pandemie; es verlangte allen Beteiligten viel Flexibilität, Kreativität und die Bereitschaft zum Umdenken ab. Die musikalischen Stunden waren zunächst planmäßig in den gewohnten altersgerechten Kleingruppen weitergeführt worden. Ab Mitte März war jedoch vor Ort keine musikalische Frühförderarbeit mehr möglich. Während des ersten „Lockdowns" hielt die Einrichtung nur noch eine Notversorgung aufrecht und Externe durften den Kindergarten nicht mehr betreten.

Um die musikalische Arbeit nicht abreißen zu lassen, ging ich dazu über, mit dem Mobiltelefon kleine Videos aufzunehmen, die sowohl den in der Notbetreuung anwesenden Kindern gezeigt als auch an die Eltern der anderen Kinder, die zu Hause bleiben mussten, weitergeleitet wurden. In den Videos beschränkte ich mich auf bekannte Lieder aus unserem Frühförderunterricht, die die Kinder zu Hause mit den Eltern singen konnten. Mit den Kindern in der Notbetreuung sangen die ErzieherInnen. Daneben wurden die Liedblätter mit den Texten zur Verfügung gestellt. Sie gelangten mit der Video-Mail über den Kindergarten-Verteiler zu allen Eltern. Auch stellte ich per Video neue Instrumente vor, z. B. einen Regenstock, die Kalimba, mein Klavier und eine Geige. Die Maßnahmen wurden von den Eltern sehr gut aufgenommen. Sie konnten mehr als sonst miterleben, was in den Musikstunden geschieht, und viele von ihnen sendeten sehr positive Rückmeldungen.

Alle Beteiligten versuchten das Beste aus der Situation zu machen, obschon die gewohnten, geregelten Abläufe von ErzieherInnen, Eltern, Kindern und mir sehr vermisst wurden. Berufstätige Eltern beschrieben die Zeit des „Lockdowns" als sehr belastend; die Kinder wurden zunehmend unausgeglichener. Die ungewöhnlichen Herausforderungen in den Familien nahmen erheblich zu. Deshalb hofften alle, dass die Kinder möglichst bald wieder in den Kindergarten gehen konnten.

Ein Segen war es, als die Absprachen mit dem Einrichtungsleiter, Jan Mehrländer, bezüglich möglicher Alternativen uns zu der Idee führten, ab Ende Mai mit den im Kindergarten anwesenden Kindern „Open-Air-Musikstunden" im Hof der Einrichtung zu veranstalten. Den Kindergarten durfte ich immer noch nicht betreten, aber

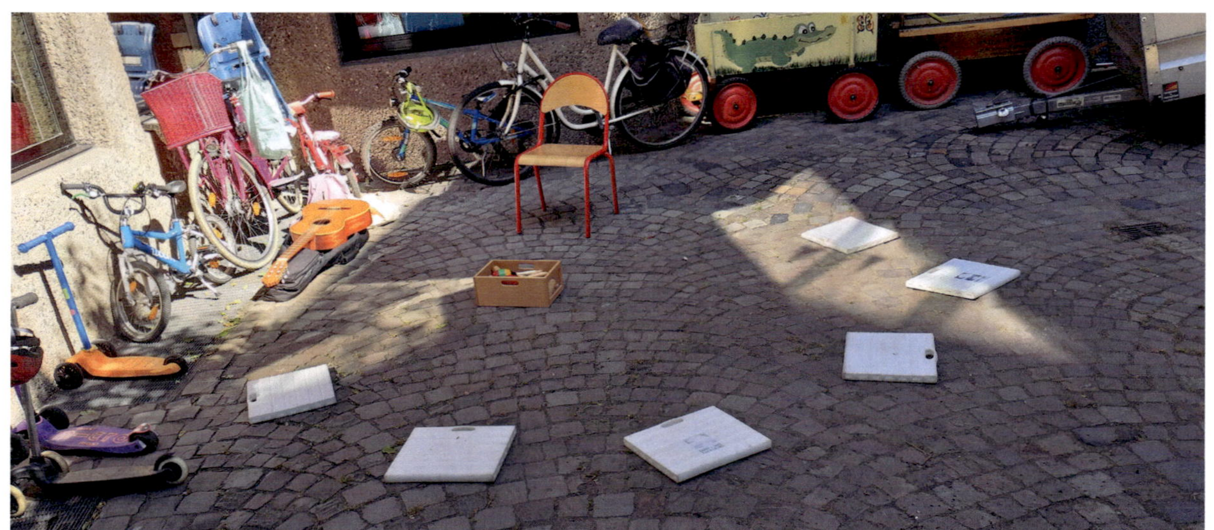

mit Visier im Freien zu arbeiten, war erlaubt. Und das Wetter war uns durchweg hold. Rund 20 Kinder waren in diesen letzten Mai-Tagen in der Einrichtung zugelassen und es wurden wöchentlich mehr. Die Musikstunden im Hof wurden von einer Erzieherin über das Handy und auch über „Zoom"[20] aufgenommen. So konnten wir mit den Kindern, die sich von zu Hause aus noch zuschalteten, gemeinsam singen und uns gegenseitig durch die Kamera zuwinken. Die Eltern erzählten später, dass sie die gezoomten Musikstunden aufzeichneten und mit den Kindern danach noch einige Male abspielten. Die musikalischen Eltern-Kind-Aktionen zu Hause wurden von den Eltern als sehr bereichernd empfunden; sie wirkten der aufkommenden Langeweile entgegen und machten Eltern und Kindern viel Freude. Den Kindern, die sich nicht zuschalten konnten, wurden die Aufnahmen per E-Mail zugeleitet, so dass letztlich alle Kinder erreicht werden konnten. Auch diese Eltern zeigten sich sehr dankbar für diese Aktionen.

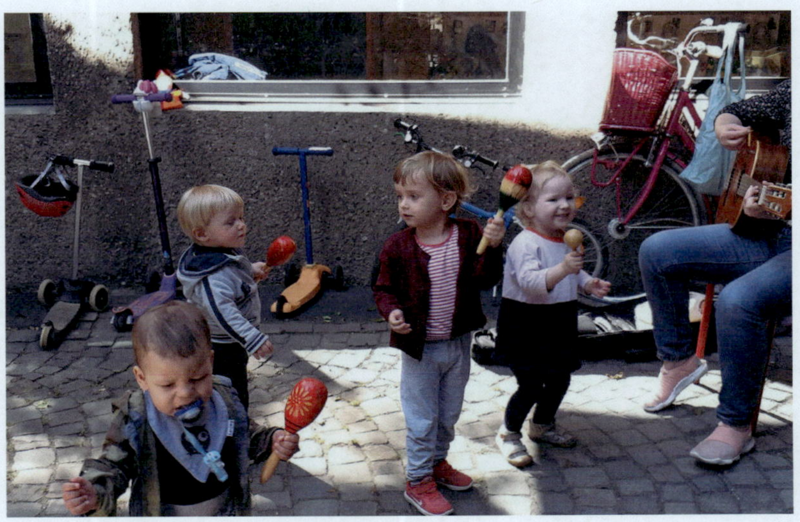

Als im Sommer die Regelungen gelockert wurden, kehrten alle Kinder mit einem freudigen „Hallo" in die Einrichtung zurück. Die musikalischen Einheiten konnten wieder in die Innenräume verlagert werden; allerdings mussten

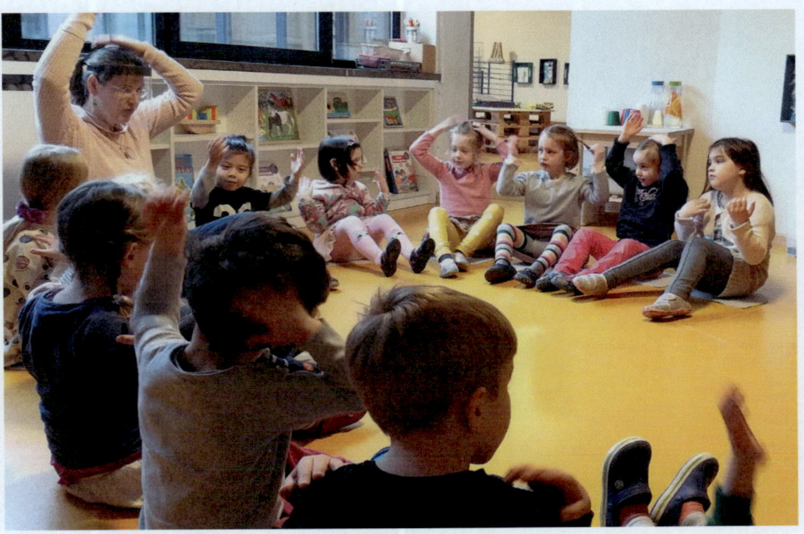

die Gruppen streng unter sich bleiben; die ursprüngliche Kleingruppen-Einteilung war nicht erlaubt. Alle Kinder zu integrieren und zum Mitmachen zu bewegen, war jedoch nach der

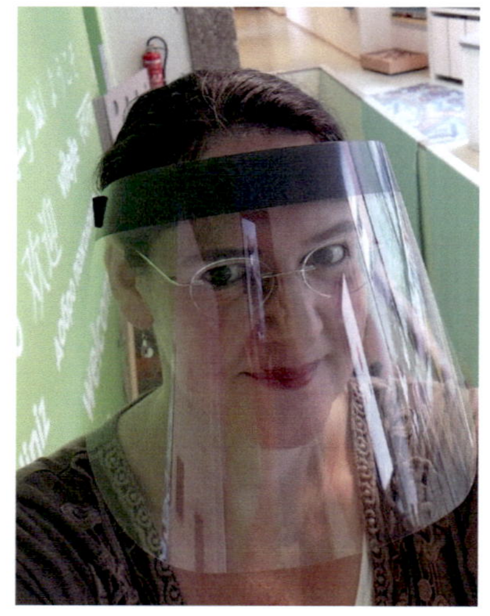

Zwangspause nicht immer einfach. Viel Verunsicherung war spürbar und manch älteres Kind spielte plötzlich gerne den „Aufpasser", dass man sich ja nicht berührte oder die Hände reichte. Die neu im „Krähennest" aufgenommenen kleinen Kinder reagierten in der ersten Phase der Eingewöhnung sehr irritiert auf mein Visier und es bedurfte in den folgenden Monaten einer noch behutsameren Annäherung, als es sonst erforderlich ist. Alle waren jedoch froh, als im „Krähennest" wieder mehr Normalität einkehrte und die Kinder wieder spürbar ruhiger wurden.

Im zweiten „Lockdown" ab Dezember konnte das „Krähennest" glücklicherweise geöffnet bleiben und die musikalische Arbeit unter Beachtung der Corona-Regelungen nach der etwas verlängerten Weihnachtspause weiter durchgeführt werden. Leider mussten die La-

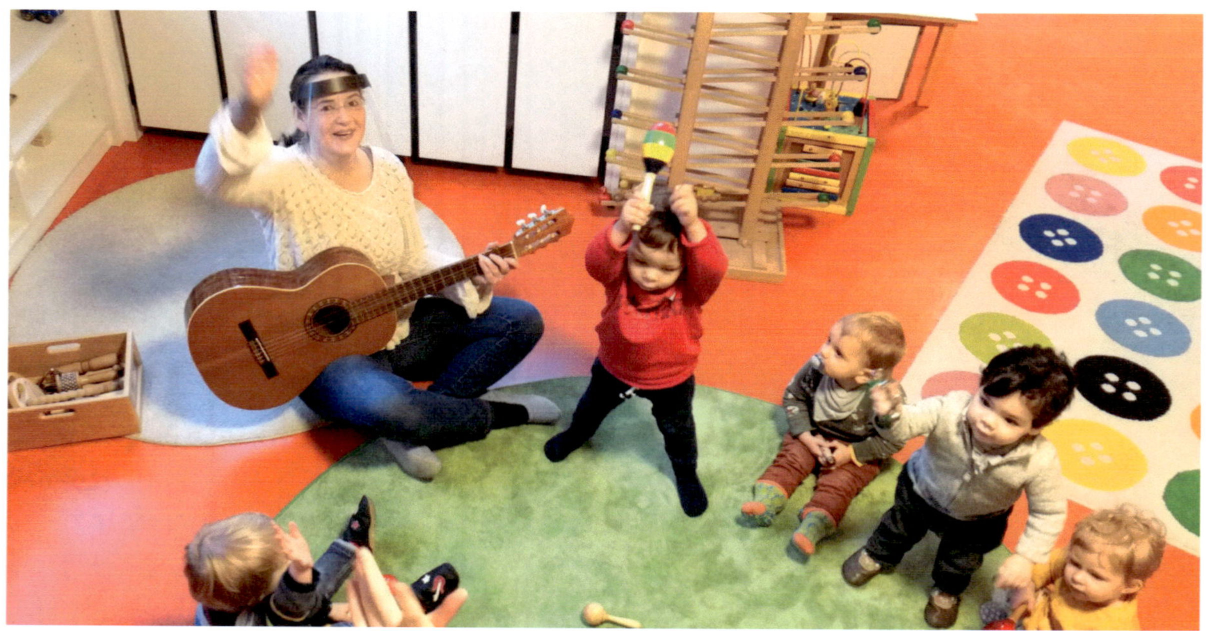

ternenfeste, Sankt Martin und auch der Karnevalsbeginn zum 11.11. ausfallen. Deshalb organisierten wir kleine „Ersatz"-Feiern für die Gruppen. Eltern durften weiterhin nicht teilnehmen, doch halfen diese Aktionen den Kindern dennoch, Geborgenheit und Halt zu finden und sich im Jahresablauf zu orientieren. Auch der Neujahrsbeginn wurde mit viel Freude zelebriert.

Inhaltlich war die musikalische Frühförderarbeit im ganzen Projektjahr also erheblich aufwendiger zu organisieren. Viele Inhalte, die die Entwicklung der Kinder fördern, konnten gar nicht oder nur sehr eingeschränkt behandelt werden. Es waren erheblich mehr Absprachen nötig und es wurden viele neue Ideen gebraucht, um sich an die stets wechselnden erlaubten Gruppengrößen und die durchmischteren Altersgruppen anzupassen und dabei die Vorschriften zu beachten. Rückblickend war es ein Jahr mit vielen Höhen und Tiefen, aber auch mit guten Lösungen. Die zahlreichen Abstimmungen intensivierten die Zusammenarbeit mit den ErzieherInnen und dem Leiter, Jan Mehrländer. Die Motivation brach nicht ab, auch während des ersten „Lockdowns" konnte eine gewisse Struktur aufrechterhalten werden, so dass alle Kinder mit mir in Kontakt bleiben konnten. Am herausforderndsten war die Arbeit mit den Unter-Dreijährigen, die durch die Unterbrechungen länger in der Eingewöhnungszeit waren und mit besonders viel Geduld und langsamer als sonst in die Musikeinheiten eingeführt werden mussten. Dies verbesserte sich im zweiten Halbjahr aber zusehends und die „neuen Kleinen" erwiesen sich als sehr offen und begeistert.

Bei den Älteren, die im Sommer den Kindergarten verließen, war es besonders traurig, dass der „Frühjahrslockdown" viele schöne musikalische Projekte verkürzte oder gar unmöglich machte. Die kleinen musikalischen Feiern in der Gruppe konnten die vielen verlorenen Erfahrungs- und Erlebnismöglichkeiten im Laufe eines „normalen" Kindergartenjahres nicht ersetzen. Unverkennbar vollzogen sich die Entwicklungsschritte bei vielen Kindern zeitlich verzögert, weil die Herausforderungen fehlten; es mangelte an Bewegungsangeboten und an den vielen sonst üblichen sozial-emotionalen, sensorischen und kognitiven Lernangeboten. Und auch die „echten" menschlichen Begegnungen zwischen den Eltern und ErzieherInnen

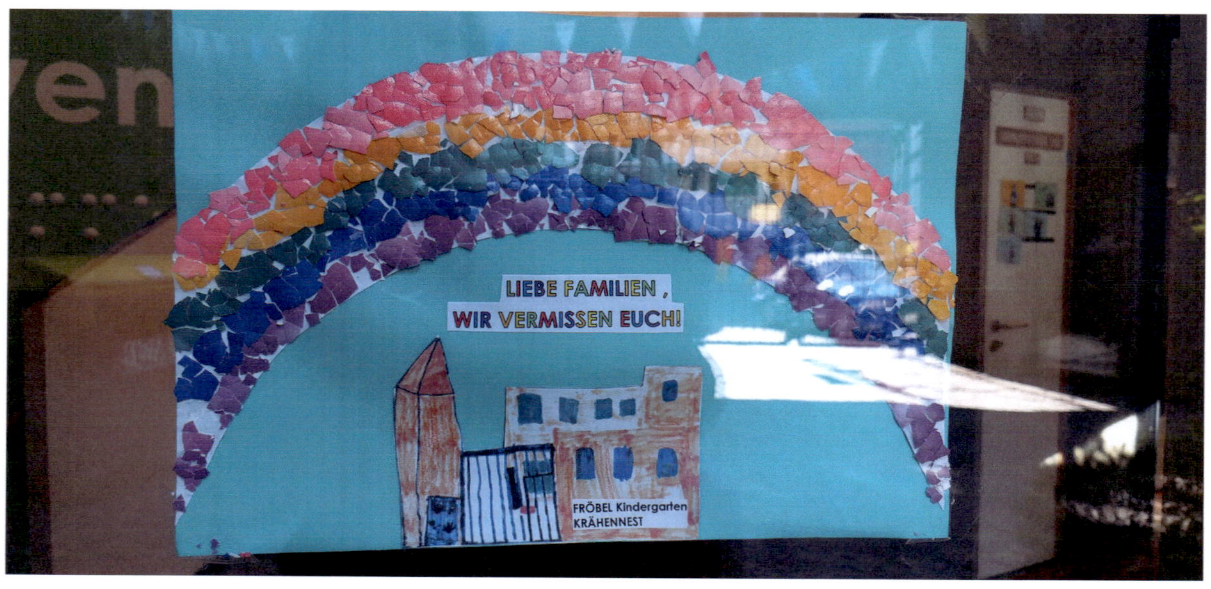

fehlten allen sehr; sie konnten durch vermehrte Mailkontakte nicht ersetzt werden. So wird von allen Seiten die Hoffnung genährt, dass bald wieder dauerhaft mehr „Normalität" in den Kindergärten einkehrt und die üblichen Bildungsangebote der Einrichtung in vollem Umfang umgesetzt werden können. Auch für das Angebot der musikalischen Frühförderung ist es erstrebenswert, dass die Arbeit bald wieder in altersgerechten Kleingruppen fortgeführt werden kann.

8 Abschluss und Ausblick

Der griechische Philosoph Aristoteles (384 v. Chr. - 322 v. Chr.) hat bereits gelehrt: *„Die Musik vermag unseren Charakter zu bilden. Ist dem aber so, so ist es klar, dass wir unsere jungen Leute darin unterrichten müssen."*[21]

Es ist wirklich zu wünschen, dass in möglichst vielen Einrichtungen, Frühförderstellen, Musik- und Kunstschulen Musik zur ganzheitlichen Förderung der Kinder angeboten wird. Wie auf den vorangehenden Seiten zu beschreiben versucht wurde, fördert musikalische Erziehung in der frühen Kindheit eine große Bandbreite an Kompetenzen, die Kinder dringender denn je für ihre Entwicklung im sozialen, emotionalen, kognitiven und sensorischen Bereich benötigen.

Musikalische Früherziehungsarbeit liefert einen wesentlichen Beitrag zur ganzheitlichen Bildung des Menschen. Daher empfinden es der Leiter, Jan Mehrländer, alle ErzieherInnen, die

Eltern und nicht zuletzt die Kinder vom „Krähennest" und ich als ein großes Glück, dass nun schon im 4. Jahr Fördermittel von der Dr.-Ing.-Hans-Joachim-Lenz-Stiftung für die musikalische Frühförderarbeit bereitgestellt werden. Dafür sprechen wir alle einen sehr herzlichen Dank aus. Wir freuen uns schon jetzt auf viele neue kreative musische Stunden mit den Kindern!

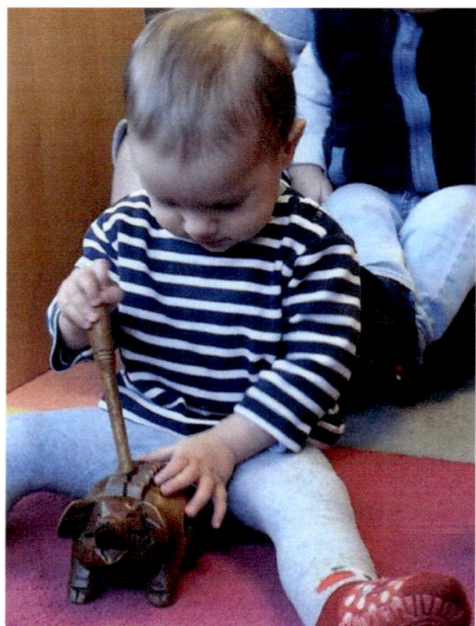

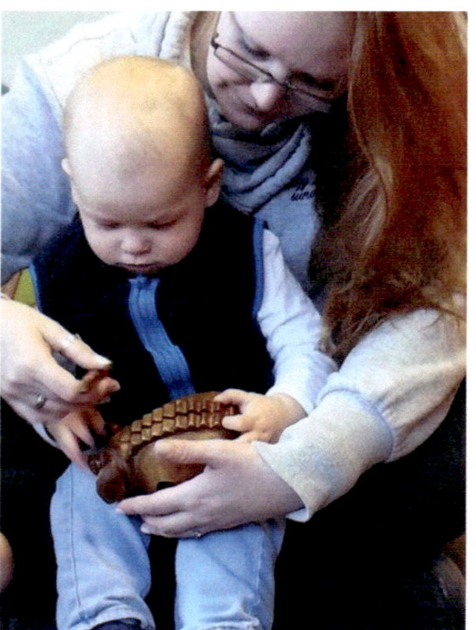

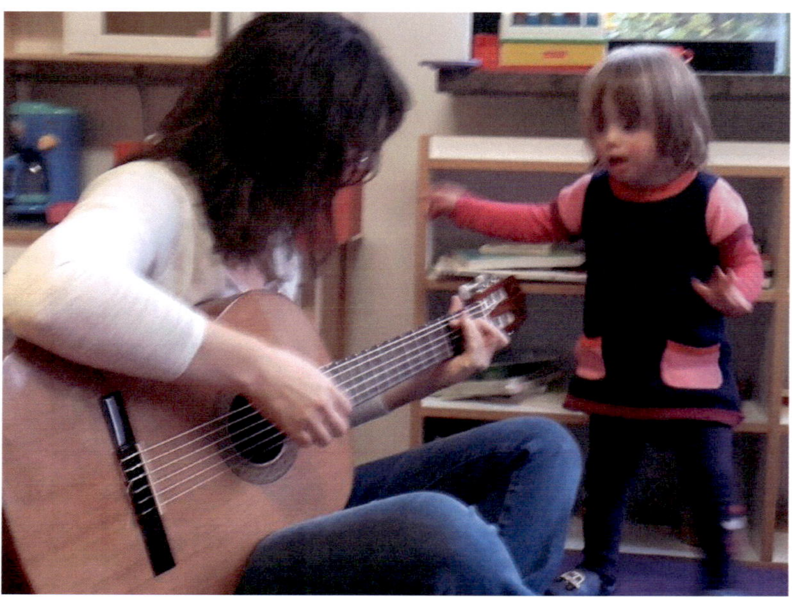

Anmerkungen

1 Lat. immersio, ‚Eintauchen'; daher in Deutsch auch ‚Sprachbad'. Dabei werden die Kinder in ein fremdsprachiges Umfeld versetzt, in dem sie beiläufig oder gewünschter Maßen die fremde Sprache erwerben. Anders als bei der Anwendung von Sprachlernmethoden folgt bei der Immersion der Erwerb der fremden Sprache ausschließlich den Prinzipien des Mutterspracherwerbs. Immersion gilt als die weltweit erfolgreichste Sprachlernmethode. Vgl. dazu FRÖBEL Bildung und Erziehung gemeinnützige GmbH (Hrsg.): *Bilinguale Erziehung und Mehrsprachigkeit*, S. 10 f. Siehe auch: https://www.froebel-gruppe.de/fileadmin/user/Dokumente/Broschueren_Themenhefte/FROEBEL_Broschuere_Bilinguale_Erziehung_RZ-online_FINAL.pdf .

2 Grundlegende Literatur, die in diesem Kapitel verwendet wurde, von Ulrich Mazurowicz, Sabine Hirler, Julia Lutz und Marion Richter. In: https://www.familienhandbuch.de .

3 Vgl. Jens Knigge, Anne Niessen (Hrsg.): *Musikpädagogik und Erziehungswissenschaft*. Research in Music Education, Band 37. Vgl. auch Wilfried Gruhn: *Kinder brauchen Musik*.

4 Oliver Sacks: *Der einarmige Pianist - Über Musik und das Gehirn*. Sacks, geb. 1933 in London, war Professor für Neurologie und Psychiatrie an der Columbia University.

5 Siehe z.B. Ulrich Mazurowicz: *Konzepte Musikalischer Früherziehung*. Siehe Siegmund Helms, Reinhard Schneider, Rudolf Weber (Hrsg.): *Lexikon der Musikpädagogik*. Daneben zahlreiche Veröffentlichungen im Bereich Medizin und Hirnforschung, z.B. Gehirn & Geist: *Die Macht der Musik*.

6 Siehe Hans Günther Bastian: *Musik (erziehung) und ihre Wirkung*.

7 Grundlegende Literatur für dieses Kapitel: Elke Gulden und Bettina Scheer: *Singzwerge & Krabbelmäuse*. S. 5-13.

8 Grundlegend zum Einsatz von Handpuppen: Käthi Wüthrich & Gudrun Gauda: *Botschaften der Kinderseele. Puppenspiel als Schlüssel zum Verständnis unserer Kinder*. Sanela Hot: *Der Einsatz des Rollen- und Puppenspiels im Kindergarten.* Gudrun Gauda: *Einführung in das therapeutische Puppenspiel.* Grundlegend zur Notwendigkeit von Wiederholungen: Hans Werner Heymann: *Üben und wiederholen – neu betrachtet*, Seite 6–11. Armin Born, Claudia Oehler: *Lernen mit Grundschulkindern: praktische Hilfen und erfolgreiche Fördermethoden für Eltern und Lehrer*, insbes. Kapitel 2 und S. 33. Klaus Müller-Stern: *Entwicklung - Durch Wiederholung lernen*.

9 Vgl. Maria Seeliger: *Das Musikschiff*, Seite 122.

10 Grundlegend zu Musik und Bewegung: Wolfgang Hering: *Kunterbunte Hits für die Kleinsten*, S. 104. Vgl. auch Wolfgang Hering: *Bewegungslieder für Kinder*. Zum Rhythmus vgl. Ingrid Gnettner: *Musik und Klang von Anfang an*, S.11-12 und S. 23-25. Vgl. auch Wolfgang Delnui: *Blitzschnelle Ideen mit Rhythmus & Musik*, S. 44. Zu Fingerspielen vgl. Wolfgang Hering: *Kunterbunte Hits für die Kleinsten*, S. 101. Vgl. auch Fredrik Vahle: *Singen – sagen – sich bewegen*, S. 58-63. Klanggeschichten finden sich bei Wolfgang Hering: *Das Klanggeschichten Buch*, S. 6-7.

11 Vgl. https://www.friedrich-froebel-online.de/p-%C3%A4-d-a-g-o-g-i-k/original-texte/mutter-und-koselieder, (10.9.2019).

12 Vgl. https://www.kinder.wdr.de/tv/wissen-macht-ah/bibliothek/kuriosah/sprache/bibliothek-was-ist-lautmalerei-100.html, (20.09.2019).

13 Vgl. Werner Stangl: https://arbeitsblaetter.stangl-taller.at/GEHIRN/GehirnSprache.shtml, (15.09.2019).

14 Beispielstunden für die musikalische Frühförderung bei Maria Seeliger: *Das Musikschiff*, S. 354 -397. Vgl. auch Elke Gulden und Bettina Scheer: *Singzwerge & Krabbelmäuse*, S. 14-20.

15 Daniel J. Levitin: *Der Musik-Instinkt*.

16 Manfred Spitzer: *Lernen – Gehirnforschung und die Schule des Lebens*, S. 166.

17 Yehudi Menuhin: *Zur Bedeutung des Singens*. Diesen Text verfasste Yehudi Menuhin als Schirmherr von Il canto del mondo. Die Urheberrechte liegen bei Il canto del mondo e.V. In: https://www.singforfuture.com/philosophie-2 , (14.09.2019).

18 Traditionelles Kinderspiel, abgewandelt von *„Taler, Taler, du musst wandern"*; vgl. https://www.wikipedia.org/wiki/Taler,_Taler,_du_musst_wandern , (19.09.2019).

19 Vgl. Sabine Hirler: *Musik, Spiel und Tanz fördern alle Sinne der Kinder*.

20 „Zoom" ist der Name für ein Programm, mit dem Webinare und Online-Unterricht durchgeführt werden können.

21 Siehe https://zitatelebenalle.com/14441/ (20.09.2019).

Verwendete Literatur

Bastian, Hans Günther: *Musik (erziehung) und ihre Wirkung: Eine Langzeitstudie an Berliner Grundschulen*. Schott Verlag 2000.

Born, Armin; Oehler, Claudia: *Lernen mit Grundschulkindern. Praktische Hilfen und erfolgreiche Fördermethoden für Eltern und Lehrer*. W. Kohlhammer Verlag, Stuttgart 2009.

Bostelmann, Antje; Textor Martin R. (Hrsg.): *Das Kita-Handbuch*. https://www.kindergartenpaedagogik.de/ (19.09.2019).

Delnui, Wolfgang: *Blitzschnelle Ideen mit Rhythmus & Musik*. Ökotopia Verlag, Münster 2015.

FRÖBEL Bildung und Erziehung gemeinnützige GmbH (Hrsg.): *Bilinguale Erziehung und Mehrsprachigkeit.* 1. Auflage Berlin 2020. https://www.froebel-gruppe.de/fileadmin/user/Dokumente/Broschueren_Themenhefte/FROEBEL_Broschuere_Bilinguale_Erziehung_RZ-online_FINAL.pdf .

Gauda, Gudrun: *Einführung in das therapeutische Puppenspiel*. https://www.kindergartenpaedagogik.de/fachartikel/psychologie/962 (19.09.2019).

Gehirn & Geist - Das Magazin für Psychologie, Hirnforschung und Medizin: *Die Macht der Musik. Wie sie auf das Gehirn wirkt*. Spektrum der Wissenschaft Ausgabe 3/2021.

Gnettner, Ingrid: *Musik und Klang von Anfang an. Die schönsten Ideen für Krippe, Kita und Eltern-Kind-Gruppen*. Don Bosco Verlag München 2013.

Gruhn, Wilfried: *Kinder brauchen Musik. Musikalität bei kleinen Kindern entfalten und fördern*. Beltz Verlag, Weinheim und Basel 2003.

Gudde, Birgit: *Mukifo: Mitmach-Liederbuch*. Lustige Bewegungs- und Tanzlieder für 3- bis 6-Jährige. Cornelsen Schulverlage, Edition 2009.

Gulden, Elke; Scheer, Bettina: *Singzwerge & Krabbelmäuse*. Ökotopia Verlag, Münster 2004.

Helms, Sigmund / Schneider, Reinhard / Weber, Rudolf (Hrsg.): *Lexikon der Musikpädagogik*. Gustav Bosse Verlag (Neuausgabe 2005).

Hering, Wolfgang: K*unterbunte Hits für die Kleinsten*. Ökotopia Verlag, Münster 2014.

Hering, Wolfgang: *Bewegungslieder für Kinder*. Rororo Verlag Reinbeck 1994.

Hering, Wolfgang: *Das Klanggeschichten Buch. Mit Stimme, Geräuschen & Instrumenten Geschichten erzählen*. Ökotopia Verlag, Münster 2016.

Heymann, Hans-Werner: *Üben und wiederholen – neu betrachtet*. In: PÄDAGOGIK. Heft 10/1998, S. 6–11.

Hirler, Sabine: *Musik, Spiel und Tanz fördern alle Sinne der Kinder.* https://www.familienhandbuch.de/babys-kinder/bildungsbereiche/musik/musikspielundtanzfoerdernallesinne.php (20.09.2019).

Hirler, Sabine: *Rhythmik als ganzheitliches Bildungsangebot.* https://www.familienhandbuch.de/babys-kinder/bildungsbereiche/musik/rhythmikalsganzheitlichesbildungsangebot.php (20.09.2019).

Hirler, Sabine: *Mit Rhythmik durch die Jahreszeiten*. Herder Verlag, Freiburg 2004.

Hot, Sanela: *Der Einsatz des Rollen- und Puppenspiels im Kindergarten*. Wissenschaftliche Studie, 2016. https://www.grin.com/document/339345 (15.09.2019).

https://www.friedrich-froebel-online.de/p-%C3%A4-d-a-g-o-g-i-k/original-texte/mutter-und-koselieder (10.09.2019).

https://www.kinder.wdr.de/tv/wissen-macht-ah/bibliothek/kuriosah/sprache/bibliothek-was-ist-lautmalerei-100.html (20.09.2019).

https://www.wikipedia.org/wiki/Taler,_Taler,_du_musst_wandern (19.09.2019).

Knigge, Jens [Hrsg.]; Niessen, Anne [Hrsg.]: *Musikpädagogik und Erziehungswissenschaft.* Münster; New York: Waxmann

2016, (Musikpädagogische Forschung; 37) - URN:urn:nbn:de:0111-pedocs-149142 .

Levitin, Daniel J.: *Der Musik-Instinkt. Die Wissenschaft einer menschlichen Leidenschaft.* Springer Spektrum Verlag 2009.

Lutz, Julia: *Mit Kindern singen. Anregungen zur Liedbearbeitung und -gestaltung am Beispiel eines Begrüßungsliedes.* https://www.familienhandbuch.de/babys-kinder/bildungsbereiche/musik/MitKindernsingen.php (13.09.2019).

Mazurowicz, Ulrich: *Konzepte Musikalischer Früherziehung*. https://www.familienhandbuch.de/babys-kinder/bildungsbereiche/musik/konzeptemusiklischerfrueherziehung.php (13.09.2019).

Menuhin, Yehudi: *Zur Bedeutung des Singens.* https://www.singforfuture.com/philosophie-2 , (14.09.2019).

Müller-Stern Klaus: *Entwicklung - Durch Wiederholung lernen*. http://www.biggis-kinderseite.de/kleinkinder-durch-wiederholung-lernen/ (Artikel 2011, 13.09.2019).

Puppen.net » Ratgeber: *Pädagogisch wertvoll: Rollenspiele mit Handpuppen*. https://www.puppen.net/rollenspiele-handpuppen/ (14.09.2019).

Richter, Marion: *Singen mit Kindern in der Kindertagesstätte und zu Hause.* https://www.familienhandbuch.de/babys-kinder/bildungsbereiche/musik/singenmitkindernin-derkindertagesstaette.php (12.09.2019).

Oliver Sacks: *Der einarmige Pianist - Über Musik und das Gehirn*. Rowohlt, Deutsche Erstausgabe 2008.

Seeliger, Maria: *Das Musikschiff. Kinder und Eltern erleben Musik*. ConBrio Fachbuch (2003), Band 10.

Spitzer, Manfred: *Lernen – Gehirnforschung und die Schule des Lebens*. Spektrum Akademischer Verlag 2009.

Stangl, Werner: https://arbeitsblaetter.stangl-taller.at/GEHIRN/GehirnSprache.shtml, (15.09.2019).

Vahle, Fredrik: *Singen – sagen – sich bewegen. Auf 7 Wegen zum Singen*. Beltz Verlag, Weinheim 2013.

Wüthrich, Käthi; Gauda, Gudrun: *Botschaften der Kinderseele. Puppenspiel als Schlüssel zum Verständnis unserer Kinder*. Kösel Verlag, München 1990.

Zitate Musik: https://zitatelebenalle.com/14441/ (20.09.2019).

Bio-graphisches

Marianne Quast, am 28. Oktober 1971 in Heidelberg geboren.

Ausbildung

1992 Ausbildung in Sozialpädagogik, katholische Fachschule für Jugend- und Heimerziehung in Heidelberg

2008 – 2009 Zusatzqualifikation in musikalischer Frühförderung (speziell für Kindergartenkinder) und Lizenz zur Mukifo-Leiterin bei MUKIFO GmbH & Co. KG Hamburg

Freiberufliche Tätigkeiten im pädagogischen und musisch-kreativen Bereich

seit 1992 Lehrerin für Rhythmusgitarre

1992 – 2001 Bezirksjugendwerk in Heidelberg, kreative Kinderaktionen

1998 – 2004 Leitung von Familienkursen im Institut für Personale Pädagogik (Tromm, Odenwald)

2000 – 2019 Kinderbuchillustratorin und Autorin

2009 Beginn der musikalischen Frühförderarbeit an Einrichtungen im Großraum Köln; zusätzlich Einarbeitung von Honorarkräften (MusikpädagogInnen)

seit 2009 Lehrerin für Elementarpädagogik im Bereich Musikalische Frühförderung

Publikationen

Die offenen Öhrchen – Musikalische Frühförderung in Köln-Weiden, gefördert von der Lenz-Stiftung, Mainz 2017.

Die offenen Öhrchen – Musikalische Frühförderung in Bedburg, gefördert von der Lenz-Stiftung, Mainz 2016.

Die offenen Öhrchen. Musikalische Frühförderung in Hürth, gefördert von der Lenz-Stiftung, Mainz 2016.

Fanti Fantus – Bilderbuch mit Lied, Spiel und Ausmalbildern, Windsor-Verlag, Hamburg 2013.

Kwars vom Mars – Das Kinderbuch für große und kleine Leser von 5 – 9 Jahren, Papierfresserchens MTM-Verlag, Lindau 2010.

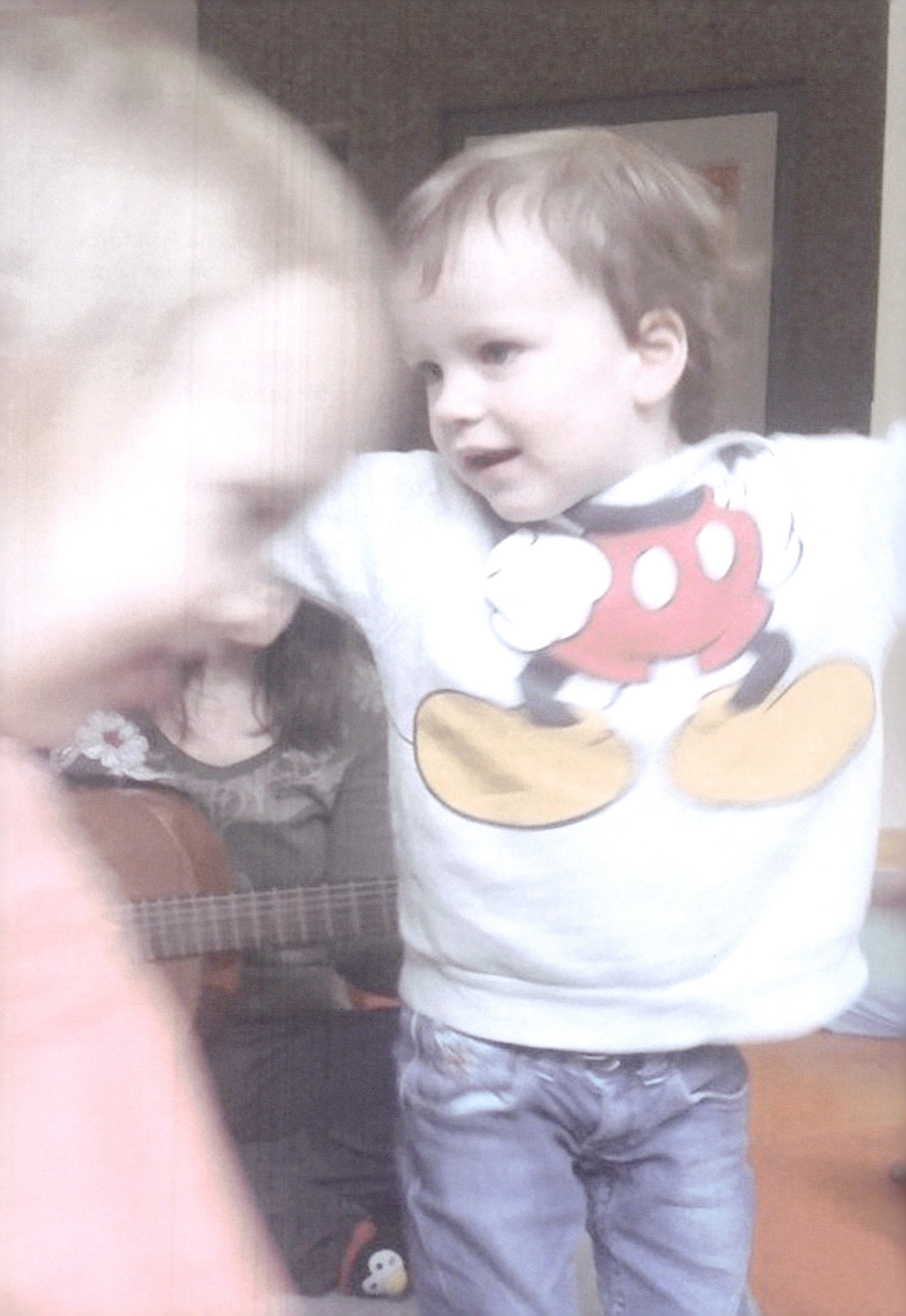

EINE STIFTUNG zur Erneuerung geistiger Werte

Die Dr.-Ing.-Hans-Joachim-Lenz-Stiftung wurde 2002 als rechtsfähige öffentliche Stiftung des bürgerlichen Rechts mit Sitz in Mainz gegründet. Sie verfolgt ausschließlich und unmittelbar gemeinnützige Zwecke.

Im Wege der finanziellen Unterstützung fördert sie innovative und modellhafte Projekte auf den Gebieten der Bildung und Erziehung mit dem Ziel der Erneuerung geistiger Werte. Als Impulsgeber und Motor für dauerhafte und nachhaltige Konzepte konzentriert sie sich auf die junge Generation. Jugendliche für das Leben zu befähigen, an Werte des Geistes, an Würde, Freiheit und Toleranz zu erinnern, ist ihre höchste Aufgabe. Sie will Menschen begleiten vom Kindesalter bis zur Berufsreife, ohne soziale, politische, religiöse Unterscheidung im Sinne des Grundgesetzes. Die Themen der Stiftung sind:

Bildung

Hebung des kulturellen Niveaus
Erweiterung des allgemeinen Wissens
Zusammenführung von Geistes- und Naturwissenschaften
Persönlichkeitsentfaltung
Erneuerung eines humanistischen Menschenbildes

Erziehung

Entwicklung und Erprobung neuer Lehr- und Lernmethoden durch

- Spielendes Lernen
- Lernen durch Vorbild
- Wissenserwerb statt Wissensvermittlung

Sprache

Erhaltung und Stärkung der deutschen Sprache
Erweiterung und Pflege des Wortschatzes
Sprachliche Ausdrucksformen in Literatur und Poesie
Persönlichkeitsentfaltung durch Sprache, denn:

Mit unserer Sprache sind wir ein Leben lang unterwegs.

Die Förderung von Projekten im Sinne der Stiftungsziele wird aus Spendenmitteln finanziert. Die Akzeptanz der Stiftungsziele und des Förderprogramms drücken Spender mit ihren finanziellen Beiträgen aus. Wir freuen uns über jede Zuwendung:

Mainzer Volksbank IBAN DE29 5519 0000 0004 0040 40, BIC MVBMDE55

Dr.-Ing.-Hans-Joachim-Lenz-Stiftung
Stiftung zur Erneuerung geistiger Werte

Am Michelsberg 1, D-55131 Mainz, Tel. 06131-832255,
E-Mail: info@lenz-stiftung-mainz.de, www.lenz-stiftung-mainz.de

EDITION
ERNEUERUNG GEISTIGER WERTE

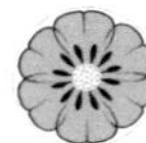

Dr.-Ing.-Hans-Joachim-Lenz-Stiftung

In der Edition werden Forschungsergebnisse und Modellprojekte aus dem Förderprogramm der Dr.-Ing.-Hans-Joachim-Lenz-Stiftung im Sinne der Nachhaltigkeit und Gemeinnützigkeit publiziert.

Band 1 – Die heilige Stadt
Eine Vision am Beispiel der Stadt Mainz
von Hans-Joachim Lenz
56 Seiten, broschiert, € 8,80
ISBN 978-3-938088-00-5

Band 2 – Am Anfang waren die Werte
Plädoyer für eine Neuorientierung in der Erziehung von Kindern und Jugendlichen
von Gabriela Wolf
132 Seiten, broschiert, € 13,80
ISBN 978-3-938088-01-2

Band 3 – Leben ist Spiel
Eine Ferienwoche als Lebensschule
von Gabriela Wolf mit Christine Bredenhöller, Andrea Heck, Angelika Humann, Margit Kluge, Reinhild Michel, Sonja Wagener, Heidi Wiehr, reich bebildert.
192 Seiten, broschiert, € 25,00
ISBN 978-3-938088-02-9

Band 13 – De Dignitate Hominis
Zum Menschenbild in der Geschichte der Pädagogik
von Gabriela Wolf
160 Seiten, broschiert, € 13,80
ISBN 978-3-938088-09-8

Band 14 – Handeln als gelebter Wert
Aus Hannah Arendts Leben und Werk
von Patricia Rehm
146 Seiten, broschiert, € 12,80
ISBN 978-3-938088-15-9

Band 15 – KulturForumWissen 2007
»Wir sind auf dem Weg.«
Ein Menschenbild zwischen Geist und Materie
von Hans-Joachim Lenz
52 Seiten, broschiert, € 5,80
ISBN 978-3-938088-16-6

Band 18 – Das Tagebuch
Ein Medium zur Selbstreflexion
von Sabine Gruber
122 Seiten, broschiert, € 10,80
ISBN 978-3-938088-19-7

Band 19 – Leben ist Spiel II
Eine Ferienwoche als Lebensschule in Overath
von Petra Ehrler u. a., reich bebildert
158 Seiten, broschiert, € 14,90
ISBN 978-3-938088-21-0

Band 20 – KulturForumWissen 2008
Vergessene Werte – Von den Wurzeln der Kultur
239 Seiten, broschiert, € 22,90
ISBN 978-3-938088-22-7

Band 21 – KulturForumWissen 2009
Liebe – das All-Eine
173 Seiten, broschiert, € 16,80
ISBN 978-3-938088-24-1

Band 22 – Das vergessene Wort IV
Vom Reichtum der deutschen Sprache am Elisabeth-Gymnasium, Marburg, und an der Freien Waldorfschule, Marburg
von Katrin Bibiella mit Angelika Humann
127 Seiten, broschiert, € 11,80
ISBN 978-3-938088-25-8

Band 23 – Das Hohelied vom Menschen
Eugen Finks Deutung der menschlichen Existenz
von Angelika Humann
85 Seiten, broschiert, € 8,80
ISBN 978-3-938088-26-5

Band 24 – KulturForumWissen 2010
Menschen, die die Welt bewegten
167 Seiten, broschiert, € 16,80
ISBN 978-3-938088-27-2

Band 25 – Musikalischer Spielraum
Frühbildung mit Wort, Klang und Bewegung
von Melanie Ries und Petra Ehrler
76 Seiten, broschiert, € 12,90
ISBN 978-3-938088-28-9

Band 26 – KulturForumWissen 2011
Menschen, die die Welt bewegten
181 Seiten, broschiert, € 18,80
ISBN 978-3-938088-29-6

Band 27 – Das vergessene Wort V
Vom Reichtum der deutschen Sprache am Kaiserin-Friedrich-Gymnasium, Bad Homburg
von Katrin Bibiella mit Angelika Humann
142 Seiten, broschiert, € 14,90
ISBN 978-3-938088-30-2

Band 28 – Des Wortes sanfte Macht
Salongespräche
von Ariane Martin
122 Seiten, broschiert, € 13,80
ISBN 978-3-938088-31-9

Band 29 – Das vergessene Wort VI
Vom Reichtum der deutschen Sprache am Pädagogium Bad Sachsa
von Katrin Bibiella
98 Seiten, broschiert, € 11,90
ISBN 978-3-938088-32-6

Band 30 – Das vergessene Wort VII
Vom Reichtum der deutschen Sprache
am Ratsgymnasium Minden
von Angelika Humann
105 Seiten, broschiert, € 10,90
ISBN 978-3-938088-33-3

Band 31 – KulturForumWissen 2012
Soziale Modelle – Poesie des Lebens?
187 Seiten, broschiert, € 19,90
ISBN 978-3-938088-34-0

Band 32 – Briefe – Zeugnisse deutscher Sprachkultur
Von den Anfängen bis zur Gegenwart
von Katrin Bibiella
171 Seiten, broschiert, € 19,90
ISBN 978-3-938088-35-7

Band 33 – KulturForumWissen 2013
Menschen, die den Weg ins Ungewisse wagten
180 Seiten, broschiert, € 21,90
ISBN-13 978-3-938088-36-4

Band 34 – Mutter oder Göttin
Frühzeitliche Kultur im Osten Europas
von Jaqueline Mischer
175 Seiten, broschiert, € 17,90,
ISBN 978-3-938088-37-1

Band 35 – Das vergessene Wort in Heilbronn
Vom Reichtum der deutschen Sprache
am Robert-Mayer-Gymnasium Heilbronn
von Angelika Humann
115 Seiten, broschiert, € 12,90
ISBN 978-3-938088-38-8

Band 36 – Der Gral bei Wolfram von Eschenbach und Richard Wagner
Metamorphosen eines Motivs
von Liliana Emilia Dumitriu
244 Seiten, broschiert € 22,80
ISBN 978-3-938088-39-5

Band 37 – Das vergessene Wort in Würzburg
Vom Reichtum der deutschen Sprache
von Angelika Humann
112 Seiten, broschiert € 12,90
ISBN 978-3-938088-40-1

Band 38 – KulturForumWissen 2014
Die großen Komödianten
176 Seiten, broschiert € 18,90
ISBN 978-3-938088-41-8

Band 39 – Das vergessene Wort in Hanau
Vom Reichtum der deutschen Sprache
von Angelika Humann
108 Seiten, broschiert, € 10,90
ISBN 978-3-938088-42-5

Band 40 – KulturForumWissen 2015
Menschen, die die Welt beherrschen wollten
– eine kritische Betrachtung
156 Seiten, broschiert, € 18,90
ISBN 978-3-938088-43-2

Band 41 – Das vergessene Wort in Heilbronn II
Vom Reichtum der deutschen Sprache
von Angelika Humann
100 Seiten, broschiert, € 11,90
ISBN 978-3-938088-44-9

Band 42 – Das wache Auge
leben ist wahrnehmen
von Sonja Schmitz
56 Seiten, broschiert, € 11,50
ISBN 978-3-938088-45-6

Band 43 – Die offenen Öhrchen
Musikalische Frühförderung in Hürth
von Marianne Quast
42 Seiten, broschiert, € 8,90
ISBN 978-3-938088-46-3

Band 44 – Das vergessene Wort in Buchen
Vom Reichtum der deutschen Sprache
von Angelika Humann
86 Seiten, broschiert, € 9,90
ISBN 978-3-938088-47-0

Band 45 – Die offenen Öhrchen – Musikalische Frühförderung in Bedburg
von Marianne Quast
36 Seiten, broschiert, € 8,90
ISBN 978-3-938088-48-7

Band 46 – Weltsicht im Osten Europas
von Jacqueline Mischer
140 Seiten, broschiert, € 19,90
ISBN 978-3-938088-49-4

Band 47 – Das wache Auge – Waldkindergarten »Zauberwald« in Idstein
von Sonja Schmitz
41 Seiten, broschiert, € 9,90
ISBN 978-3-938088-50-0

Band 48 – Tugend … und noch viel mehr
von Montessori Ammersee e. V.
55 Seiten, broschiert, € 10,00
ISBN 978-3-938088-51-7

Band 49 – Die offenen Öhrchen – Musikalische Frühförderung in Köln-Weiden
von Marianne Quast
57 Seiten, broschiert, € 8,90
ISBN 978-3-938088-52-4

Band 50 – KulturForumWissen 2017
Die Unbekannten
167 Seiten, broschiert, € 20,00
ISBN 978-3-938088-53-1

Band 52 – Kultur Forum Wort
Kurzgeschichten und Essais 2018
80 Seiten, broschiert, € 15,00
ISBN 978-3-938088-55-5

Band 53 – Kultur Forum Wort 2019
Kurzgeschichten und Essais
100 Seiten, broschiert, € 18,00
ISBN 978-3-938088-56-2

Band 54 – Kultur Forum Wort 2020
Kurzgeschichten und Essais
100 Seiten, broschiert, € 18,00
ISBN 978-3-938088-57-9

Weitere Projekte siehe:
www.lenz-stiftung-mainz.de